100 Kinder

Für Juma, Lukas, Oliver und Rio
von Christoph und Nora

Christoph Drösser lebt als freier Journalist und Autor in San Francisco (USA). Davor war er 18 Jahre lang bei der Wochenzeitung DIE ZEIT Redakteur im Ressort Wissen. Dort schuf er unter anderem die Kolumne „Stimmt's?", in der er Fragen seiner Leser nach Alltagsphänomenen beantwortet. Christoph Drösser hat über 20 Bücher veröffentlicht, darunter auch vier Kinderbücher im Gabriel Verlag.
www.droesser.net

Nora Coenenberg ist Illustratorin, Infografikerin und Editorial Designerin und wohnt in Hamburg. Seit 2012 gehört sie zum Team von DIE ZEIT und konzipiert hier u. a. die wöchentliche Infografikseite. Neben dieser Tätigkeit gestaltet sie gern alles, worin Zahlen vorkommen, zum Beispiel Geschäftsberichte und Kindersachbücher. Außerdem unterrichtet sie, berät andere Künstler und Künstlerinnen bei der Gestaltung ihres Portfolios und hält Vorträge zum Thema Grafikdesign.
www.ncoenenberg.de

Christoph Drösser • Nora Coenenberg

100 Kinder

Gabriel

INHALT

100 KINDER – WER WIR SIND

»⟶ Auf der Erde leben über acht Milliarden Menschen, in Ziffern: 8 100 000 000. Etwa zwei Milliarden davon sind Kinder unter 15 Jahren.

Das sind unvorstellbar große Zahlen. Deshalb haben sich schon vor einiger Zeit Leute überlegt: Was wäre, wenn die Welt ein Dorf von 100 Menschen wäre? Wir haben die Frage für dieses Buch etwas abgewandelt: Was wäre, wenn die Welt ein Dorf von 100 Kindern wäre? Erwachsene müssen draußen bleiben! Wie leben diese Kinder, die für alle Kinder dieser Welt stehen?

Die erste Frage, die du dir vielleicht stellst: Wie viele Jungen gibt es und wie viele Mädchen? Es sind 52 Jungen und 48 Mädchen, denn in fast allen Ländern der Welt sind die Jungen in der Überzahl.

Natürlich kannst du dir denken, dass die meisten Kinder in diesem Dorf nicht aus deiner Nachbarschaft kommen, sondern in fernen Ländern zu Hause sind. Aber vielleicht überrascht es dich doch, dass nur eines der 100 Kinder aus Deutschland stammt!

»⟶ Stell dir vor, du bist dieses eine Kind. Wie sehen die anderen Kinder aus, mit denen du in dem Dorf zusammenlebst? Auf den ersten Blick siehst du ihre Hautfarbe, von Rosa bis hin zu Schwarz gibt es alles. Kein Kind von euch hat dieselbe Hautfarbe wie ein anderes.

Wo wir leben

NORD-
AMERIKA
3 Kinder leben
in Nordamerika
27 Kinder leben
in Afrika
8 Kinder leben in
Lateinamerika
LATEIN-
AMERIKA

6 Kinder leben
in Europa
EUROPA
ASIEN
AFRIKA
55 Kinder leben
in Asien
AUSTRALIEN/
OZEANIEN
1 Kind lebt
in Australien/
Ozeanien

55 kommen aus Asien

Siehst du die Punkte unter der Überschrift? Es sind genau hundert, einer für jedes Kind in unserem Dorf. Und wir haben immer so viele eingefärbt, wie in der Überschrift stehen – so kannst du noch besser sehen, wie groß der Anteil der Kinder ist.

Woher kommen die Dorfbewohner? Außer dir stammen noch 5 andere Kinder aus Europa. Ein ziemlich kleiner Klub, sozusagen. 3 Kinder stammen aus Nordamerika, also aus den USA oder Kanada, 8 aus Lateinamerika. Der weitaus größte Teil der Kinder kommt aus anderen Gegenden der Welt. Insgesamt 27 sind Afrikaner, und die Mehrheit der Dorfbevölkerung ist asiatisch: 55 Kinder, davon allein 18 aus Indien und 13 aus China. Ein Kind begrüßt dich oben auf Vietnamesisch. Aus Australien / Ozeanien stammt nur ein einziges Kind.

13 sprechen Chinesisch

Also los, nimm mit den anderen Kindern Kontakt auf! Sprich sie einfach an! Aber wer kann dich verstehen? Wenn du nur Deutsch sprichst, wird das schwierig: Du bist das einzige Kind, das diese Muttersprache hat, und nur wenige Kinder weltweit lernen Deutsch in der Schule. Mit Englisch kommst du schon ein bisschen weiter: 4 Kinder haben diese Sprache von ihren Eltern gelernt, mindestens noch einmal so viele kennen sie als Fremdsprache.

Die meisten Kinder dagegen hören sich wahrscheinlich sehr fremd für dich an: 13 Kinder sprechen eine der in China verbreiteten Sprachen, 9 davon Mandarin. 6 sprechen Spanisch, 5 Hindi, die gebräuchlichste Sprache in Indien. 4 Kinder haben Arabisch als Muttersprache, 3 Bengalisch, also die Sprache in Bangladesch, jeweils 2 sprechen Portugiesisch und Punjabi, das in Pakistan gebräuchlich ist.

Dann gibt es eine Reihe von Sprachen, die wie Deutsch nur von einem Kind gesprochen werden: Russisch, Japanisch, Javanisch, Malaiisch, Telugu, Vietnamesisch, Koreanisch, Französisch, Marathi, Tamilisch, Urdu, Türkisch, Italienisch, Kantonesisch, Thai, Gujarati, Persisch, Polnisch, Paschtunisch, Kannada, Malayalam, Sundanesisch, Hausa, Odia, Burmesisch.

Wenn du mitgezählt hast, wunderst du dich vielleicht über die kleine Zahl: Das sind nur 65 Kinder. Die restlichen 35 sprechen eine der anderen 6500 Sprachen, die es auf der Welt gibt und die von weniger als einem halben Prozent der Menschheit gesprochen werden. In manchen Gegenden der Welt hat fast jedes Dorf seine eigene Sprache. Zum Beispiel leben auf der Insel Papua-Neuguinea im Pazifischen Ozean nur etwa acht Millionen Menschen, ein Zehntel der Bevölkerung Deutschlands – aber es gibt dort über 700 Sprachen!

Und für etwa die Hälfte der Kinder ist es eigentlich gar nicht sinnvoll, von einer einzigen Muttersprache zu reden – sie lernen von klein auf mehrere Sprachen, zum Beispiel die offizielle Landessprache und die Sprache ihrer Region. *

33 sind Christen

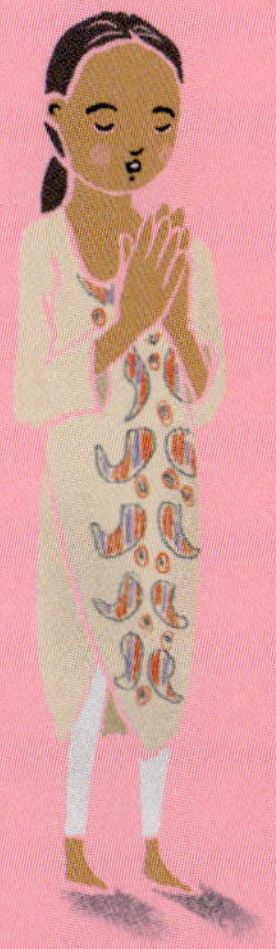

Woran glauben die Kinder unseres Dorfs? Die größte Gruppe sind die Christen, 33 Kinder sind Katholiken oder Protestanten. 25 Kinder sind Muslime, gehören also zum Islam. Dem Hinduismus, der vor allem in Indien verbreitet ist, gehören 14 Kinder an, 7 sind Buddhisten. 6 Kinder gehören einer ethnischen Religion an, das heißt, manche von ihnen verehren bestimmte Tiere oder Pflanzen, andere besondere Menschen oder Naturerscheinungen als Wohnsitz von Göttern und Geistern. Und nicht zu vergessen die Kinder, die überhaupt nicht religiös sind: Immerhin 15 glauben an keinen Gott – ein großer Teil davon in China, wo die Regierung nicht viel von Religion hält.

Jetzt weißt du ungefähr, wie sich unser Dorf zusammensetzt. Aber du willst mehr über deine Mitbewohner wissen – wie leben sie? Haben sie genug zu essen? Herrscht in ihrem Land vielleicht Krieg? Du wirst sehen, dass die meisten Kinder ganz anders leben als du. Unser Dorf ist sehr vielfältig – so wie unsere Welt.

9 haben blaue Augen

Wusstest du, dass vor 10 000 Jahren die Augen aller Menschen dunkelbraun waren? Inzwischen gibt es allerlei andere Augenfarben, doch die meisten Kinder, genauer gesagt 76, haben auch heute noch dunkelbraune Augen.

Hast du blaue Augen? Dann gehörst du zu den dreißig Prozent der deutschen Kinder, bei denen das so ist. Auf der ganzen Welt sind es nur 9 unserer Kinder. Und welche Augenfarben haben die anderen Kinder? 5 Kinder haben hellbraune, 5 bernsteinfarbene, 3 graue und 2 grüne.

All diese Farbtöne kommen durch nur einen Farbstoff zustande, das Melanin. Je mehr man davon hat, umso dunkler sind die Augen. Er steckt auch in der Haut und in den Haaren und bestimmt deren Farbe.

Forschende glauben, dass irgendwann in den letzten paar Tausend Jahren irgendwo in Nordeuropa ein Mensch zufällig mit ganz wenig Melanin in den Augen geboren wurde – und die leuchteten blau. Aber woher kommt die Farbe, wenn es keinen blauen Farbstoff gibt? Das hat etwas mit der Streuung des Lichts zu tun – ähnlich wie beim Himmel.

WIE WIR LEBEN

54 leben in der Stadt

»→ Schon seit langer Zeit ziehen Menschen gern vom Land in die Stadt. Noch vor 100 Jahren lebten nur 15 von 100 Kindern in der Stadt, heute ist es mehr als die Hälfte. Woran liegt das? Es hat vor allem damit zu tun, dass immer weniger Menschen als Bauern leben. Bei uns braucht man durch die modernen Maschinen und Traktoren nicht mehr so viele Arbeitskräfte. In ärmeren Ländern trocknet durch den Klimawandel zudem der Boden aus, und es wächst nicht mehr so viel auf ihm. Dann hoffen die Menschen, dass sie in der Stadt eine Arbeit finden, von der sie leben können.

»→ Früher lagen die größten Städte New York, Tokio und London in den reichen Ländern. Wenn man das gesamte Stadtgebiet anschaut, leben in Tokio immer noch die meisten Menschen, nämlich ungefähr 37 Millionen. Fast genauso groß ist São Paulo in Brasilien, danach kommt Jakarta in Indonesien mit 30 Millionen. *

14 leben in Slums

In einigen armen Ländern ziehen so viele Menschen in die Städte, dass nicht genügend Häuser für alle da sind. Außerdem sind die Menschen auch einfach zu arm, um sich eine Wohnung leisten zu können, denn viele haben keine Arbeit. Sie bauen sich Hütten aus Blech oder anderen Materialien, die sie irgendwo finden. Daraus entstehen dann ganze Stadtteile, die man Slums nennt. Weil sie ohne staatliche Erlaubnis gebaut wurden, gibt es kein fließendes Wasser. Strom haben die Leute nur, wenn sie eine Stromleitung verbotenerweise anzapfen.

In den Slums leben die Menschen sehr eng aufeinander, es ist schmutzig, Krankheiten breiten sich schnell aus. Es werden zahlreiche Verbrechen begangen, weil die Polizei nur selten in die Slums kommt. Die Kinder können meist nicht auf eine öffentliche Schule gehen. Trotzdem gibt es in Slums Kindergärten und private Schulen.

Die Lage in den großen Städten hat sich in den letzten Jahrzehnten stark verbessert. Im Jahr 1990 lebten noch 18 der Kinder unseres Weltdorfs in einem Slum – vier mehr als heute!

5 leben auf der Straße

Die meisten Kinder, die in Slums leben, haben zumindest noch ein Dach über dem Kopf und leben mit ihrer Familie zusammen. Aber 5 unserer Kinder sind sogenannte „Straßenkinder", ohne ein richtiges Zuhause mit Menschen, die sie lieben und die sie vor Gewalt und Verbrechen schützen.

Überall in der Welt können Familien obdachlos werden. Auch in Deutschland kann das passieren, wenn die Eltern ihre Arbeit verlieren und sich die Miete für die Wohnung nicht mehr leisten können. In so reichen Ländern wie Deutschland bekommen sie Hilfe vom Staat, es gibt Heime für obdachlose Menschen. Oft ist das Ganze nur ein vorübergehendes Problem, sobald Vater oder Mutter einen neuen Job haben, können sie auch wieder Miete bezahlen. Für die Kinder ist es dennoch eine schlimme Erfahrung.

In ärmeren Ländern werden Menschen häufig durch Naturkatastrophen obdachlos, etwa nach Überschwemmungen oder Erdbeben. Und weil der Staat den ärmsten Menschen kaum Hilfe anbietet, gibt es viele Familien, die dauerhaft arm und obdachlos sind und auf der Straße leben. In Indien werden die

Kinder dann losgeschickt, um für die Familie Geld zu verdienen, zum Beispiel sitzen sie in den großen Städten am Straßenrand und betteln.

Und dann gibt es noch Kinder, die niemanden haben. Entweder weil die Eltern gestorben sind oder weil sie es zu Hause nicht mehr ausgehalten haben. Vielleicht sind sie immer geschlagen worden und wollten einfach nur weg. Bei uns gibt es Heime für solche Kinder. Aber in den großen Städten Südamerikas leben diese Kinder allein auf der Straße, meist in größeren Gruppen. Sie bekommen keine Schulbildung, sind fremden Erwachsenen ausgeliefert und fangen schon in sehr jungem Alter an, Drogen zu nehmen, weil sie dieses Leben sonst nicht aushalten können.

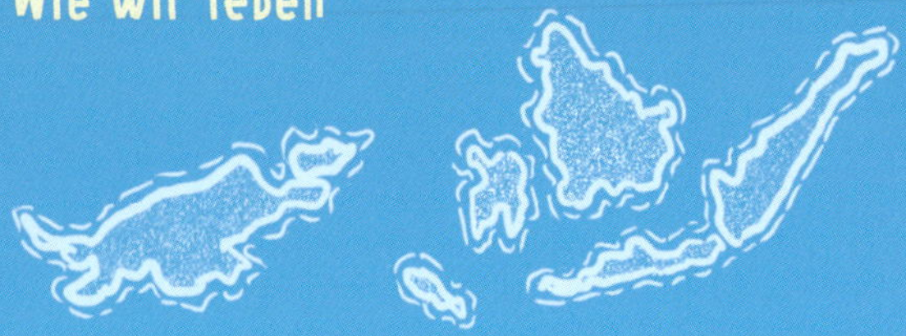

15 leben direkt am Meer

⋙ Wenn du schon mal in den Ferien am Meer warst und nicht selber dort wohnst, dann denkst du vielleicht: Wie schön wäre es, dort zu leben! Die Menschen hat es schon immer zum Meer gezogen, und das nicht nur, weil man dort baden und am Strand liegen kann. Fischer fahren hinaus, um ihre Netze auszuwerfen, und in den großen Häfen legen Schiffe ab, die Ziele in aller Welt ansteuern. Der größte Teil der Waren, die wir aus fernen Ländern bekommen, kommt übers Meer.

In den meisten Ländern, die ans Meer grenzen, sind die Küsten stark besiedelt. Etwa 40 unserer Kinder leben höchstens 100 Kilometer vom Meer entfernt. Und wiederum 15 von ihnen leben direkt an der Küste, das heißt, sie wohnen höchstens zehn Meter über dem Meeresspiegel.

So schön das ist, kann es aber auch Probleme mit sich bringen. Denn das Meer bleibt nicht immer da, wo es ist. Es gibt Sturmfluten und Tsunamis – riesige Wellen, die ganz plötzlich die Küste überschwemmen können. Vielleicht hast du von dem großen Tsunami im Indischen Ozean im Jahr 2004 gehört, bei dem sehr viele Menschen ums Leben gekommen sind.

Und weil sich alle Meere in den nächsten Jahrzehnten durch den Klimawandel erwärmen, dehnen sie sich auch aus. Gletscher schmelzen und der Meeresspiegel steigt. Um wie viel, können die Wissenschaftler noch nicht genau sagen. Aber einige der Gebiete, die jetzt bewohnt sind, werden dann dauerhaft überschwemmt sein. Kein Problem, denkst du, dann zieht man einfach ein bisschen weiter ins Landesinnere? So einfach ist das für die oft arme Bevölkerung nicht. Und auf einigen Südseeinseln gibt es keine höher gelegenen Gegenden – die werden in naher Zukunft komplett überschwemmt sein, und dann müssen sich die Menschen eine neue Heimat suchen.

13 leben in den Bergen

Nicht nur das Meer, auch die Berge ziehen viele Touristen an. Man kann wandern, Ski fahren, den Ausblick genießen oder seinen ganz normalen Alltag dort verbringen, wie 13 Kinder aus unserem Dorf. In Europa gibt es kaum Städte, die höher als 1000 Meter über dem Meeresspiegel liegen. In Deutschland, Österreich und der Schweiz sind es nur ein paar Dörfer in den Alpen. Ganz anders sieht es in anderen Ländern aus, dort entstanden in hohen Lagen große Siedlungen wie die Hauptstadt von Bolivien, La Paz, die 3800 Meter hoch in den südamerikanischen Anden liegt. Mexiko-Stadt, die Hauptstadt von Mexiko, liegt 2200 Meter hoch, und als hier 1968 die Olympischen Spiele stattfanden, mussten viele Sportler aus anderen Ländern erst ein Spezialtraining absolvieren. Denn in solchen Höhen ist die Luft dünner, und man kommt schneller außer Puste.

18 leben in einem heißen Land

Durch den Klimawandel wird es in Mitteleuropa im Sommer so heiß wie nie zuvor. Aber es gibt Länder, in denen kann die Hitze unerträglich werden und das wird durch den Klimawandel noch verstärkt. In Afrika ist die Temperatur in den letzten 100 Jahren zum Beispiel schon um 1 Grad gestiegen. Das kann dazu führen, dass Pflanzen nicht mehr so gut wachsen und viele Millionen Menschen in kühlere Gegenden umziehen müssen, um zu überleben. Und das heißt: Es wird noch mehr Flüchtende geben auf der Welt (siehe Seite 31).

Für unsere Rechnung haben wir alle Länder zusammengenommen, in denen es im Durchschnitt mehr als 25 Grad warm ist. Diese 59 Länder, in denen 18 unserer Kinder leben, liegen vor allem in Afrika, Südostasien, der arabischen Halbinsel und der Karibik. 25 Grad – das klingt angenehm, aber der Durchschnitt wird ja über Tag und Nacht, Sommer und Winter berechnet. Bei großen Ländern muss man aufpassen. So gehört zu den USA Alaska, wo das ganze Jahr Schnee liegt, aber auch das Death Valley, der heißeste Ort der Erde.

42 leben in einer Demokratie

In einer Demokratie wählt das Volk die Politikerinnen und Politiker, die das Land regieren. In einer Diktatur gibt es einen Herrscher bzw. eine Herrscherin oder mehrere, die entscheiden können, wie sie wollen, und nicht kontrolliert werden.

Das klingt nach einer einfachen Unterscheidung, aber die Wirklichkeit ist komplizierter. In vielen Ländern werden zwar Wahlen zu einem Parlament abgehalten, aber dieses Parlament hat kaum Einfluss auf Entscheidungen. Russland ist ein gutes Beispiel dafür. Hier hat der Präsident viel Macht, kontrolliert das Fernsehen und lässt die Gegnerinnen und Gegner seiner Regierung verfolgen.

Es gibt eine Organisation, die jedes Jahr für 167 Länder einen „Demokratie-Index" ausrechnet. Da werden 60 Fragen über die Zustände im Land gestellt. Nicht nur, ob Wahlen abgehalten werden, sondern auch: Kann man seine Meinung sagen, ohne Nachteile zu befürchten? Werden Minderheiten, zum Beispiel Menschen mit anderer Hautfarbe, benachteiligt? Funktioniert die Regierung überhaupt richtig? Das alles wird mit Punkten bewertet, und am Ende kommt für jedes Land eine Zahl zwischen 0 und 10 heraus.

Und dann entsteht eine Rangliste der Länder. Auf der übernächsten Seite haben wir sie in drei Gruppen eingeteilt: Demokratien – das sind die Länder, in denen faire Wahlen abgehalten werden. Sogenannte „Hybridregime", das Wort „hybrid" bedeutet so viel wie „gemischt", da darf das Volk zwar wählen, aber dabei wird viel gepfuscht, und die Wahlen sind nicht wirklich frei. Und schließlich gibt es die autoritären Regime, man nennt sie auch Diktaturen, dort hat das Volk gar nichts zu sagen. 35 unserer Kinder leben in einer Diktatur.

Die Schweiz, Deutschland und Österreich gehören alle zu den vollständigen Demokratien, sie liegen auf den Plätzen 12, 14 und 18 der Rangliste. Ganz oben steht Norwegen, das Schlusslicht ist Afghanistan. *

NORD-
AMERIKA
LATEIN-
AMERIKA

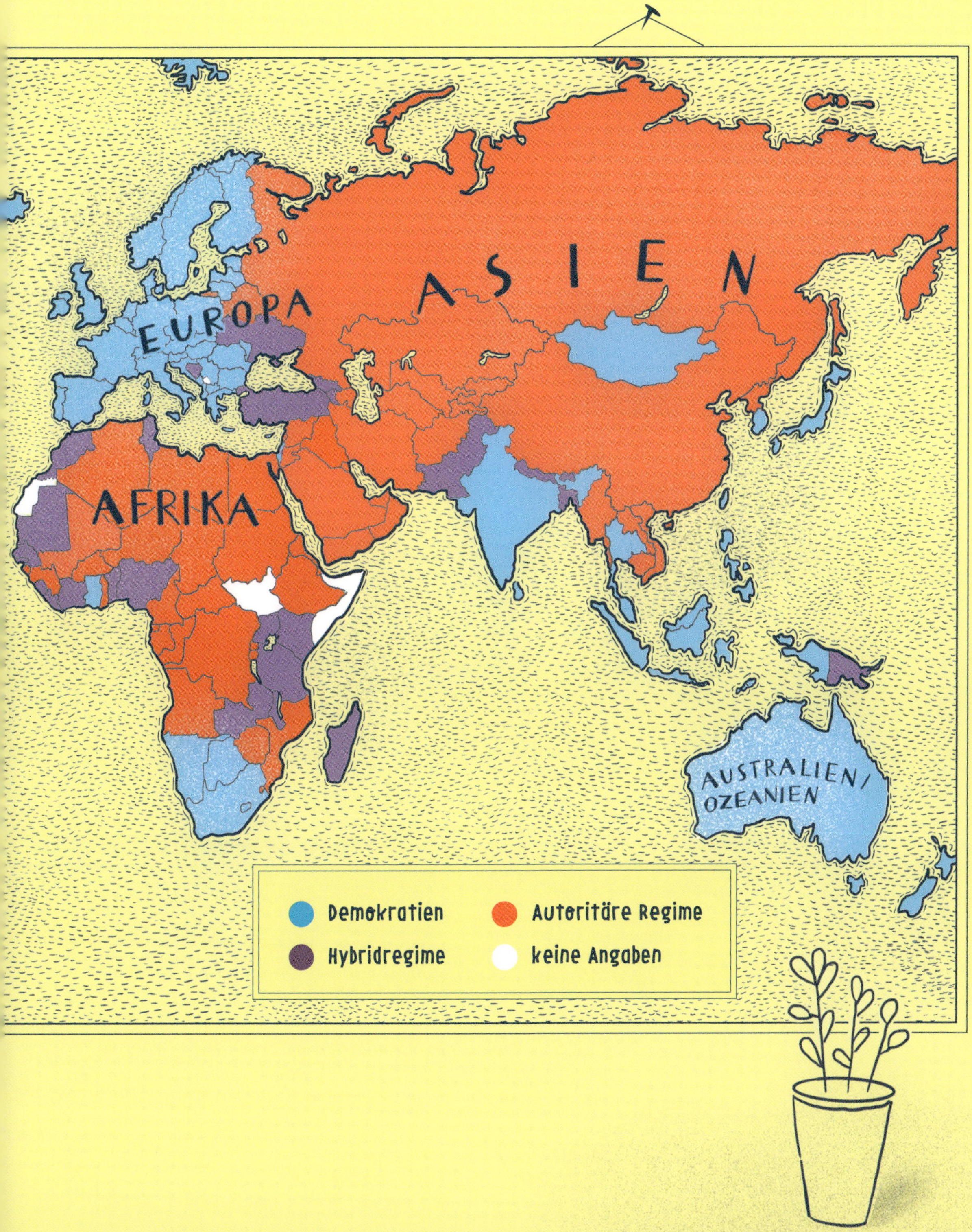
ASIEN
EUROPA
AFRIKA
AUSTRALIEN/
OZEANIEN
Demokratien
Autoritäre Regime
Hybridregime
keine Angaben

6 werden von einem König oder einer Königin regiert

Königinnen und Prinzen gibt es nicht nur im Märchen, tatsächlich haben viele Länder ein gekröntes Staatsoberhaupt. Die Monarchen tragen eine bunte Reihe von Titeln: Der Fürst von Liechtenstein, der Großherzog von Luxemburg, der Emir von Bahrain, der Sultan von Oman und der Kaiser von Japan. Allerdings haben sie in den meisten Fällen nicht viel zu sagen, denn 5 von den 6 Kindern leben in einer sogenannten „konstitutionellen Monarchie". Das bedeutet, dass der König oder die Königin nur noch bei feierlichen Zeremonien auftritt, in schönen Kleidern herumläuft und eine Krone auf dem Kopf trägt, aber das Land nicht regiert. Zwar ist der britische König Charles III. zum Beispiel nicht nur das Staatsoberhaupt des Vereinigten Königreichs, sondern unter anderem auch von Kanada, Neuseeland und Australien, aber wirklich mitreden darf er in keinem der Länder.

Es gibt aber auch noch einige absolute Herrscher auf der Welt, deren Macht in ihrem Land durch nichts eingeschränkt ist. Deren Länder liegen alle auf der Arabischen Halbinsel, die meisten Untertanen hat König Salman von Saudi-Arabien.

2 sind auf der Flucht

Kannst du dir vorstellen, dass deine Eltern eines Morgens zu dir sagen: Pack deine Lieblingssachen ein, wir müssen fliehen? Das klingt vielleicht erst mal aufregend, fast wie eine Ferienreise, aber Flucht bedeutet: Man lässt fast alles zurück, was man hat, auch seine Freunde und Freundinnen, alle Bekannten, die Arbeitsstelle und die Schule, und macht sich auf in eine ungewisse Zukunft.

Warum entscheiden sich Menschen zu fliehen? Vielleicht wohnen sie in einem Kriegsgebiet und haben Angst, verletzt oder getötet zu werden. Oder sie werden von der eigenen Regierung verfolgt, weil sie anderer Meinung sind. Oder sie haben ihr Haus bei einer Naturkatastrophe verloren und suchen nach einer neuen Heimat. Manchmal fliehen sie einfach deshalb, weil sie keine Arbeit haben und meinen, woanders besser leben zu können.

Vielleicht hast du in den Nachrichten gehört, dass in den vergangenen Jahren viele Geflüchtete nach Deutschland gekommen sind, vor allem aus Syrien und der Ukraine. Unser Land hat sich verpflichtet, jeden aufzunehmen, der in seinem

Heimatland verfolgt wird. Aber die meisten kommen gar nicht in die reichen Länder Europas oder Nordamerikas. Ein großer Teil bleibt im eigenen Land und flieht in eine Gegend, in der die Bedingungen etwas besser sind. Sehr viele gehen auch nur über die Grenze in ein Nachbarland. Die meisten Geflüchteten nehmen die Länder auf, die selbst nicht sehr reich sind. Etwa die Türkei, Pakistan oder Uganda. Dort leben sie in riesigen Lagern unter schwierigen Bedingungen.

Die Politikerinnen und Politiker rechnen damit, dass es auch in den nächsten Jahren viele Geflüchtete geben wird. Denn durch die globale Erwärmung, die vor allem von den Industrieländern verursacht wurde, gehen in vielen südlichen Ländern die Ernten zurück, und die Menschen können nicht mehr von dem leben, was auf ihrem Grund und Boden wächst.

Mehr zum Thema Flucht findest du in unserem Buch „Wir mussten flüchten“. *

1 lebt nicht in dem Land, in dem es geboren wurde

»→ Die meisten Menschen bleiben ihr Leben lang in der Region, in der sie geboren wurden. Deswegen lebt auch nur ein Kind nicht in dem Land, in dem es geboren wurde. Dafür gibt es unterschiedliche Gründe: Manche müssen aus ihrer Heimat fliehen, etwa vor Krieg und Hungersnot (siehe Seite 31). Andere ziehen in ein fremdes Land, weil es ihnen dort gefällt oder sie dort eine interessante Arbeit finden.

In der Europäischen Union kann man ziemlich frei hin und her ziehen, und so sind zum Beispiel acht Prozent der Kinder in einem anderen Land geboren und erst später mit ihren Eltern nach Deutschland gezogen. Vielleicht hast du auch schon einmal den Ausdruck „Migrationshintergrund" gehört? Menschen mit Migrationshintergrund sind entweder selbst aus einem anderen Land hergezogen oder Mutter oder Vater wurden im Ausland geboren – das sind in Deutschland fast 40 Prozent aller Kinder! Deutschland ist also ein Einwanderungsland. ✱

13 leben in einem Land, in dem Krieg herrscht

Im Jahr 2022 überfiel Russland seinen Nachbarn, die Ukraine – zum ersten Mal seit über 70 Jahren gibt es nun wieder einen Krieg mitten in Europa. In Deutschland können sich nur noch sehr wenige alte Menschen an den letzten Krieg erinnern. Vielleicht hast du schon einmal ein Flüchtlingkind aus der Ukraine getroffen, das in der Schule von seinen Erlebnissen erzählt hat: wie er oder sie mitten im Spiel unterbrochen wurden vom Heulen der Sirenen. Dann mussten sie alles stehen und liegen lassen und in den Keller oder eine U-Bahn-Station gehen, weil Raketen auf ihre Stadt zuflogen.

Fast immer herrscht irgendwo auf der Welt Krieg. Zurzeit sind es neben der Ukraine Länder wie Israel/Gaza, Syrien, Jemen und Afghanistan. Die Gründe dafür können ganz unterschiedlich sein: Regierungen oder Volksgruppen streiten sich um die Landesgrenzen. Oder es gibt einen Volksaufstand gegen einen Diktator. Manchmal bekriegen Menschen einander, nur weil sie unterschiedlichen Religionen angehören. Unsere 13 Kinder haben damit nichts zu tun, aber sie müssen unter den Folgen leiden: etwa wenn die Schule zugemacht oder das

Essen knapp wird. Oder wenn Kinder Minen finden – das sind kleine Bomben, die explodieren, wenn man sie anfasst – damit spielen und dabei verletzt oder getötet werden. Und Kinder sind auch Opfer des Krieges, wenn Bomben auf ihr Haus fallen oder sie zwischen die Fronten der kämpfenden Soldaten geraten. In manchen Ländern werden Kinder sogar als Soldaten eingesetzt, dann müssen sie mit Waffen gegen ihre eigenen Altersgenossen kämpfen.

Wer die Grausamkeiten eines Krieges miterlebt hat, leidet oft viele Jahre darunter, auch wenn der Krieg schon lange vorbei ist. Deshalb ist es wichtig, dass internationale Organisationen versuchen, den Frieden zwischen den Völkern zu fördern. Je mehr Menschen aus unterschiedlichen Ländern und Kulturen einander begegnen, desto weniger Lust haben sie, gegeneinander zu kämpfen.

90 haben sauberes Wasser

Für uns Menschen in den wohlhabenden Ländern ist es selbstverständlich: Wenn wir Wasser brauchen, drehen wir den Hahn auf. Und wenn wir mal müssen, gehen wir natürlich aufs Klo. Fließendes Wasser und eine Toilette gibt es in jeder Wohnung. Aber das ist nicht überall der Fall. In vielen Ländern ist „fließendes Wasser" das Wasser, das zum Beispiel in einem Fluss am Haus vorbeifließt. Und darin fließen vielleicht Kot und Urin aus einem Dorf ein paar Kilometer flussaufwärts mit. Wenn Menschen verschmutztes Wasser trinken, dann können sie krank werden. Und unsere Ausscheidungen enthalten ebenfalls Krankheitskeime – ganz abgesehen davon, dass es einfach eklig ist, wenn jemand die Straße als Toilette benutzen muss.

Die Vereinten Nationen geben regelmäßig einen Bericht heraus, in dem gezählt wird, wie viele Menschen an sauberes Wasser kommen und eine richtige Toilette benutzen können. Wir haben aus dem Bericht die Zahlen für das „einfache" Trinkwasser und die „einfachen" Toiletten herausgepickt. Was heißt das? An „einfaches" Trinkwasser zu kommen bedeutet nicht unbedingt, dass es eine Wasserleitung gibt, die bis ins Haus führt. Es reicht aus, wenn man innerhalb einer halben Stunde sauberes Wasser beschaffen kann. Einschließlich der Wartezeit, falls man anstehen muss. Und das Wasser kommt nicht immer aus einer Leitung. Es kann eine saubere Quelle sein, ein Brunnen oder ein Wagen, der Wasserflaschen verteilt. Auch die „einfache" Toilette, die 78 unserer Kinder benutzen können, hat nicht unbedingt eine Wasserspülung. Es kann ein einfaches Plumpsklo sein. In den meisten Ländern ist die Versorgung in der Stadt besser als auf dem Land. Von 100 Kindern, die auf dem Land leben, haben nur 82 sauberes Wasser und 66 eine Toilette im Haus – ein Drittel hat also kein Klo!

So schlimm das alles klingt – es hat sich in den letzten 30 Jahren einiges gebessert. Im Jahr 1990 hatten von allen Kindern nur 73 sauberes Wasser und 52 eine Toilette.

13 haben zu Hause keinen elektrischen Strom

„Mach das Licht aus, du verschwendest Strom!" Vielleicht sagen deine Eltern das manchmal zu dir. Und sie haben recht: Strom zu verschwenden ist nicht nur teuer, es ist auch schlecht für die Umwelt. Die Menschheit verbraucht zu viel Energie, indem sie Öl, Gas und Kohle verbrennt. Denn dabei entsteht das schädliche Kohlendioxid, chemisch CO_2 genannt, das in der Atmosphäre für den Treibhauseffekt sorgt. Die Folge: Es wird immer wärmer und das bringt die Erde aus dem Gleichgewicht.

Aber dieser Energieverbrauch ist auf der Welt unterschiedlich hoch. Jeder Mensch in Deutschland erzeugt im Jahr ungefähr 8 Tonnen Kohlendioxid. Das ist fast doppelt so viel wie der Durchschnitt. Oder anders gesagt: Wenn alle Menschen auf der Welt so leben würden wie wir, dann würde sich der Ausstoß des schädlichen Klimagases verdoppeln!

Auf der anderen Seite gibt es Länder, in denen die Menschen sehr wenig Energie verbrauchen. In manchen afrikanischen Ländern beträgt der CO_2-Ausstoß nur etwa 100 Kilogramm, ein bisschen mehr als ein Hundertstel von unserem

Wert. Viele dieser Menschen haben aber zu wenig Energie zur Verfügung! Insbesondere sind 13 unserer Kinder noch immer nicht ans Stromnetz angeschlossen. Es ist wichtig, möglichst viele Energiequellen wie Sonne, Wind und Wasserkraft einzusetzen, um diese Menschen mit Strom zu versorgen, denn es wäre dumm, wenn die ärmeren Länder all unsere Fehler wiederholen und bald genauso viel schädliches CO_2 produzieren würden.

Wozu brauchen wir Strom am nötigsten? Vielleicht denkst du jetzt an deine Spielkonsole, aber es gibt noch ein paar Dinge, die wichtiger sind fürs Leben: Licht, damit man abends lesen und etwas lernen kann. Ein Kühlschrank, in dem das Essen länger haltbar bleibt. Ein Computer oder Telefon, um mit anderen in Verbindung zu bleiben und Informationen aus aller Welt zu bekommen. Und Energie zum Essenkochen.

Gekocht wird natürlich überall auf der Welt. In vielen armen Gegenden kocht man jedoch nicht mit Strom, sondern verbrennt zu diesem Zweck Holz oder getrocknete Kuhfladen. Oft geschieht das im Haus, in der Hütte oder im Zelt – dann atmen die Menschen giftigen Qualm ein. Jedes Jahr sterben viele von ihnen an den Folgen. 36 unserer Kinder haben so eine gefährliche Kochstelle zu Hause.

16 haben keine Schuhe

Wie viele Paar Schuhe besitzt du? Bestimmt mindestens ein Paar Turnschuhe, ein Paar Gummistiefel, ein Paar Sandalen ... Es gibt Menschen mit einem „Schuhtick", die können kaum an einem Schuhgeschäft vorbeigehen, ohne ein neues Paar zu kaufen. Oft werden diese Schuhe dann nur einmal getragen, weil sie doch nicht so gut passen, und verstauben im Schrank. Irgendwann wandern sie dann in den Müll.

Nun stell dir vor, du hättest nicht drei, zwei oder ein Paar Schuhe – sondern gar keine Schuhe. So geht es nämlich 16 unserer 100 Kinder. Wie sieht ein Leben ohne Schuhe aus? Im Winter würde das ganz schön kalt. Aber die meisten dieser Kinder leben in ziemlich warmen Gegenden. Die Füße würden schmutzig? Na gut, dann muss man sie eben jeden Abend waschen.

Aber nun stell dir vor, dass es in den Ländern, wo diese Kinder leben, kaum Bürgersteige und Straßen gibt, sondern man immer auf staubigen, steinigen Wegen läuft. Die spitzen Steinchen schneiden wie Messer in die Füße. In die Wunden gelangt der Straßendreck, der viele Krankheitserreger enthält. Diese Kinder werden auch nicht von ihren Eltern mit dem Auto in die Schule gefahren, die oft viele Kilometer entfernt ist, sondern gehen zu Fuß – barfuß! Manche Kinder gehen dann genau aus diesem Grund nicht in die Schule, eben weil sie keine Schuhe haben.

Es gibt Hilfsorganisationen, die erkannt haben, dass so etwas Einfaches wie ein Paar Schuhe darüber entscheiden kann, ob man gute Chancen im Leben hat oder nicht. Sie sammeln die Schuhe, die nutzlos bei uns im Schrank herumliegen, und spenden sie an Menschen, die zum Beispiel bei Naturkatastrophen all ihre Sachen verloren haben. Oder besser noch: Sie schicken gebrauchte Schuhe in diese Länder, und dort werden sie von Schustern aufgearbeitet, sodass sie fast wie neu sind. Das hilft nicht nur den Kindern dort, es gibt auch einigen Erwachsenen Arbeit.

18 sind sehr arm

Was bedeutet es, arm zu sein? Darüber können Wissenschaftlerinnen und Wissenschaftler und Politikerinnen und Politiker stundenlang streiten. Man kann zum Beispiel eine Liste machen, was man mindestens für ein würdevolles Leben braucht – und wer das nicht hat, gilt als arm. Aber man kann auch sagen, dass Menschen arm sind, wenn sie sich im Vergleich zu ihren Nachbarn weniger kaufen können. Deutschland zum Beispiel ist ein reiches Land, bei uns muss niemand verhungern, aber trotzdem gibt es Leute, die weniger Geld zur Verfügung haben als andere. Deren Kinder können sich keine Markenklamotten leisten. Man braucht diese Kleidung nicht wirklich zum Leben, aber es ist kein schönes Gefühl, wenn man mit den anderen nicht mithalten kann.

In jedem Land ist also etwas anderes gemeint, wenn von Armut geredet wird. Hier geht es um die Ärmsten der Armen, die wirklich täglich ums Überleben kämpfen müssen. Die Weltbank hat ihre Zahl so ermittelt: Sie ist in die ärmsten Länder der Welt gegangen und hat sich angeschaut, welche Menschen sogar dort als arm gelten. Und das Ergebnis war: Wer weniger als ungefähr 2 Euro pro Tag hat, um sich zum Beispiel Essen zu kaufen oder seine Wohnung zu bezahlen, der ist wirklich sehr arm.

Vielleicht findest du 2 Euro pro Tag eigentlich ganz in Ordnung, wenn du das mit deinem Taschengeld vergleichst. Aber das Taschengeld ist ja nur für „Luxusausgaben" gedacht, die über das hinausgehen, was deine Eltern für dich bezahlen: das Essen, die Wohnung, deine Kleidung, deine Fahrkarte, die Ferienreise …

Menschen mit so wenig Geld gibt es in Europa und Nordamerika praktisch nicht. Von den 18 sehr armen Kindern unseres Dorfs kommen 12 aus Afrika und 3 aus Indien.

Zum Glück geht die Zahl dieser sehr armen Menschen zurück. Seit 1990 hat sie sich halbiert. Besondere Fortschritte wurden in China gemacht: Hier ist die extreme Armut fast verschwunden. In Indien und Afrika geht der Fortschritt langsamer, aber auch dort wird es allmählich besser.

MIT WEM
WIR LEBEN

20 leben mit nur einem Elternteil zusammen

Vater, Mutter, Kind – das ist längst nicht mehr die einzige „normale" Form, wie eine Familie aussehen muss. Inzwischen gibt es da eine große Vielfalt: zum Beispiel Kinder mit zwei Müttern oder zwei Vätern. Oder Kinder, die mit ihrer Mutter leben, die aber inzwischen nicht mehr mit ihrem Vater zusammen ist, sondern mit einem anderen Mann, der selber zwei Kinder mit in die neue Partnerschaft gebracht hat. So etwas nennt man dann „Patchwork-Familie".

Und manche Kinder leben eben nur mit einem Elternteil zusammen. Das kann sehr viele verschiedene Gründe haben: zum Beispiel, dass die Mutter gar nicht wirklich mit dem Vater zusammen war und ihr Kind von Anfang an allein großgezogen hat. Dann findet das Kind das wahrscheinlich völlig okay. Etwas anderes ist es, wenn die Eltern erst zusammen waren und sich dann getrennt haben – darunter leiden viele Kinder, weil sie ihre Eltern lieber zusammen sehen würden. Außerdem wird das Leben komplizierter, wenn man abwechselnd Zeit bei beiden Elternteilen verbringt.

Nach solchen Trennungen ist es meistens die Mutter, bei

der das Kind wohnt: In Deutschland leben 20 von 100 Kindern allein mit der Mutter, aber nur 2 mit dem Vater. In Griechenland dagegen haben nur 8 von 100 Kindern alleinerziehende Eltern. ⁂

6 haben den Vater oder die Mutter verloren

Fast alle Menschen erleben es, dass ihre Eltern sterben. Das ist der natürliche Lauf der Dinge. Normalerweise sind die „Kinder" dann aber längst keine Kinder mehr, sondern selbst schon erwachsen. Das ist eine traurige Sache. Schlimmer ist es jedoch, wenn Menschen so etwas erleben, solange sie selbst noch Kinder sind. Dann kommt zu dem Schmerz und dem Verlust noch die Frage hinzu: Was passiert jetzt mit mir?

Besonders viele Waisenkinder gibt es in Gebieten, in denen Krieg geführt wird – dann ist es meist der Vater, den sie verlieren. In großen Teilen Afrikas ist das Aids-Virus verbreitet. Das ist eine sehr ansteckende Krankheit, an der dort viele Menschen sterben. In manchen afrikanischen Ländern haben 20 von 100 Kindern einen Elternteil dadurch verloren.

Wenn der andere Elternteil noch lebt, ist es ja meistens klar, bei wem das Kind dann wohnt. Ein Problem ist es, wenn beide Eltern tot sind, das ist bei einem unserer Kinder der Fall. In Afrika sind die Familien sehr groß, man lebt da oft mit Großeltern oder Onkeln und Tanten unter einem Dach, und irgendwie kommen die verwaisten Kinder dort unter. In anderen

Ländern wachsen die Waisen meist in einem Kinderheim auf. Auch in Deutschland leben Kinder in Heimen, weil die Eltern gestorben sind oder sich nicht um sie kümmern können. Am besten ist es aber, wenn die Waisen eine neue Familie finden, die sie aufnimmt und sich liebevoll um sie kümmert. *

3 Mädchen sind verheiratet

Hast du dir schon überlegt, ob du später mal heiraten willst? Weißt du vielleicht sogar schon wen? In Ländern wie Deutschland sind das eher Träumereien, erst mal die Schule beenden, erst mal erwachsen werden. Und dann kann man überlegen, ob man mit jemandem für lange Zeit zusammen sein will.

In vielen Ländern dürfen die Mädchen nicht entscheiden, wen sie heiraten. Die Jungen oft auch nicht. Die Familie entscheidet das für sie. So werden viele junge Mädchen mit viel älteren Männern verheiratet, ohne die Mädchen vorher überhaupt zu fragen. 3 von unseren 48 Mädchen sind schon im Alter von 14 Jahren verheiratet, 10 weitere heiraten in den nächsten drei Jahren. In manchen Ländern Afrikas ist schon die Hälfte der Mädchen verheiratet, bevor sie 18 wird. Die Männer lassen sie dann oft nicht mehr zur Schule gehen, viele werden zu Hause eingesperrt und geschlagen.

Die Weltkinderorganisation Unicef sagt: Diese Kinderehe ist eine Verletzung der Menschenrechte. Die Mädchen sind zu jung, um so eine schwerwiegende Entscheidung zu treffen.

8 Mädchen bekommen ein Kind, bevor sie 18 sind

Fürs Kinderkriegen gilt dasselbe wie für eine Ehe: Man lässt sich auf etwas ein, das den Rest des Lebens bestimmen wird, und deshalb sollte man es sich gut überlegen.

Die meisten Mädchen können schon mit 14 Kinder bekommen, wenn es nur nach der körperlichen Entwicklung geht. Aber sie sind trotzdem noch Kinder und nicht erwachsen genug, um eine solche Entscheidung zu treffen. In vielen Ländern haben sie keine Wahl. Sind sie früh verheiratet worden, dann erwartet man auch von ihnen, dass sie bald Kinder bekommen.

Bei jungen Frauen gibt es häufiger Komplikationen bei der Geburt als bei älteren. Die Weltgesundheitsorganisation sagt: Wenn weniger Mädchen Kinder bekommen, dann werden jedes Jahr viel weniger Mütter und Babys bei der Geburt sterben.

Deswegen setzen sich viele Organisationen dafür ein, dass Mädchen auch in diesen Ländern eine gute Schulbildung bekommen und dann selbst entscheiden können, wann sie Kinder haben wollen und wie viele.

10 haben Eltern, die arbeitslos sind

»⟶ In vielen Familien gehen beide Elternteile arbeiten, in manchen ist es nur der Vater, in anderen ist es nur die Mutter. Aber 10 unserer Kinder leben in einer Familie, in der überhaupt niemand zur Arbeit geht. Meist deshalb, weil die Eltern einmal einen Job hatten, aber ihn verloren haben.

Aus Kindersicht klingt das vielleicht erst mal toll: Endlich haben die Eltern Zeit für uns! Sie sind den ganzen Tag zu Hause, können mit uns spielen oder Hausaufgaben machen.

Aber die Eltern sind wahrscheinlich nicht so begeistert. Das hat vor allem mit dem fehlenden Geld zu tun: Zwar bekommt man in den reichen Ländern eine Weile das sogenannte Arbeitslosengeld, aber das ist weniger als der Lohn, den man vorher hatte. In vielen ärmeren Ländern gibt es so etwas überhaupt nicht, dann verdienen die Eltern plötzlich gar nichts mehr. Außerdem fühlen sich manche Erwachsene ohne Arbeit überflüssig und wertlos. Und wenn die Eltern traurig und schlecht gelaunt sind, dann merken das auch die Kinder. Sie werden unsicher, weil sie nicht wissen, wie ihr Leben weitergeht. Manche müssen deswegen sogar eine Klasse wiederholen.

»→ Für viele ärmere Länder, in denen die Menschen vor allem auf dem Land wohnen, ergibt das Wort „arbeitslos" nicht viel Sinn. Da haben die Eltern zwar immer Arbeit, aber die Ernten der Bauern sind so schlecht, dass die Menschen trotzdem sehr arm sind. ✱

33 haben einen Hund

Fast alle Kinder lieben Tiere. Vielleicht weil sie treue Freunde sind. Weil man mit ihnen kuscheln kann (gut, das gilt nicht für Fische). Weil sie lebendige Wesen sind, um die man sich kümmern kann.

Wenn man genug Liebe, Zeit und Platz für ein Haustier hat und man weiß, wer es in den Ferien versorgen kann, spricht ja auch nichts dagegen. Dann muss man nur noch seine Eltern davon überzeugen, dass man den Hund regelmäßig ausführen oder den Hamsterkäfig sauber machen wird.

Die Zahlen aus diesem Kapitel stammen aus einer Umfrage in 22 Ländern, vor allem in Europa und Nordamerika. Für die 22 Länder gilt: 33 unserer Kinder haben einen Hund, 23 eine Katze und 43 haben kein Haustier. Für den Rest der Welt ist es nicht so leicht, Zahlen zu bekommen. Während bei uns Haustiere zur Familie gehören und oft sogar mit im Bett schlafen dürfen, ist es in vielen afrikanischen Ländern gar nicht so klar, wem ein Tier gehört. Dort gibt es etwa genauso viele frei herumlaufende Hunde wie „Haushunde".

Gegenüber dem Rest der Welt haben die Deutschen weniger

Hunde, 21 Prozent der Familien, und mehr Katzen, 29 Prozent. In 9 Prozent der deutschen Familien gibt es Fische, in 6 Prozent einen oder mehrere Vögel und in 9 Prozent ein anderes Haustier – das kann ein Kaninchen sein, eine Schildkröte oder auch eine Vogelspinne.

Während der Corona-Pandemie waren viele Menschen einsam und haben sich ein Haustier zugelegt, sodass die Zahl im Moment vielleicht 35 oder 36 ist. Ob sie das Tier auf die Dauer behalten, wird sich erst noch zeigen.

Wie wir unsere Zeit verbringen

53 können zu Hause ins Internet gehen

Das Internet hat die ganze Welt miteinander verbunden, man sagt auch vernetzt. Und die Kinder von heute werden die am meisten vernetzte Generation sein, die es je gab. Das sieht man jetzt schon, wenn man die etwas Älteren anschaut: 75 Prozent aller 15- bis 24-Jährigen auf der Welt sind im Internet.

In den meisten Ländern hat Internetzugang nichts mit Computern zu tun – man geht mit dem Handy ins Netz. Es gibt inzwischen mehr Handyverträge als Menschen weltweit. 108 Handys für 100 Erdbewohner, Babys eingeschlossen. Die gute Nachricht ist, dass Handys längst kein Luxusgut für reiche Europäer und Nordamerikaner mehr sind. Sie werden auch in den armen Ländern der Erde genutzt, um mit Bekannten und Verwandten zu Hause und auf der ganzen Welt in Kontakt zu sein. Selbst in den ärmsten der armen Länder gibt es 70 Handys pro 100 Einwohner.

Internetzugang ist immer dann besonders wichtig, wenn es keine guten Schulen gibt, wenn normale Telefonleitungen nicht bis ins letzte Dorf reichen. Oder wenn der Staat den Bürgerinnen und Bürgern wichtige Informationen vorenthält. Zum

Beispiel haben sich die Menschen bei den großen Protesten im „Arabischen Frühling" im Jahr 2011 vor allem über das mobile Internet ausgetauscht – die Zeitungen und das Fernsehen haben die Demonstrationen verschwiegen. Man kann das Handy aber auch zum Bezahlen nutzen und Geschäfte darüber abwickeln.

Natürlich ist das Internet nicht nur ein Segen. Es wird auch von Kriminellen genutzt, und es werden viele falsche Nachrichten verbreitet, „Fake News" nennt man das. Deshalb ist es wichtig, dass Kinder, ihre Eltern, Lehrerinnen und Lehrer lernen, wie man mit dem Internet und seinen Inhalten richtig umgeht.

82 haben zu Hause einen Fernseher

Die Zahl der Fernseher wächst auf der ganzen Welt immer noch. Der größte Teil aller Kinder kann irgendein Fernsehprogramm empfangen.

Aber viele Kinder sitzen gar nicht mehr vor dem Fernseher und lassen sich mit dem berieseln, was gerade läuft. Die wirklichen Dauergucker sind die älteren Menschen. In Deutschland verbringen sie jeden Tag fünf Stunden davor, dagegen schauen Kinder zwischen drei und dreizehn Jahren nur eine halbe Stunde – und von Jahr zu Jahr wird das weniger.

Was den Erwachsenen mehr Sorge macht, ist inzwischen nicht mehr das Fernsehen, sondern die „Bildschirmzeit", also die Zeit, die Kinder insgesamt vor Bildschirmen verbringen – neben dem Fernseher sind das Computer, Smartphones und Tablets. Eine Untersuchung in England ergab, dass Kinder mehr als sechs Stunden täglich vor einem flimmernden Bildschirm sitzen. Das ist mehr Zeit, als sie mit normalen Spielen verbringen, und zeigt, dass Internetdienste wie TikTok oder YouTube regelrecht süchtig machen können.

98 kennen Micky Maus

Das behauptet jedenfalls die amerikanische Firma Disney, die Micky Maus im Jahr 1928 erfunden hat.

Aber bekannt ist nicht dasselbe wie beliebt. Fragt man Kinder danach, welches ihre Lieblingsmarken sind, dann landet die gezeichnete Maus nur auf Platz 10. Ganz vorne steht eine Figur, die du vielleicht gar nicht kennst: Doraemon, ein Trickfilm-Roboter, der aus dem 22. Jahrhundert kommt. Die Figur stammt aus Japan und ist in ganz Asien beliebt.

In einer Umfrage sollten Kinder aus der ganzen Welt ihre drei Lieblingsmarken nennen. Und 10 von 100 Kindern haben Doraemon genannt. Auf den nächsten Plätzen: Lego, Barbie, das Duo Tom und Jerry, jeweils 7, sowie Spiderman, 6. Die Ergebnisse unterscheiden sich je nach Erdteil ein bisschen. In Nordamerika liegen die Superhelden wie Spiderman ganz vorn, in Südafrika die Prinzessin Sofia die Erste von Disney. Insgesamt aber kann man feststellen: Während früher jedes Land seine eigenen Helden und Geschichten hatte, stehen heute alle Kinder auf der Welt auf dieselben bekannten Marken, die zu großen internationalen Firmen gehören. *

5 spielen mit Lego

Wie viele der Kinder, die du kennst, spielen mit Lego? Von den jüngeren wahrscheinlich fast alle, und die älteren haben es zumindest früher getan. Aber weltweit haben nur wenige Kinder die Möglichkeit, mit den bunten Plastiksteinen zu spielen. Das zeigt, wie ungleich das Spielzeug auf der Welt verteilt ist. Die meisten Spielzeuge gehen an Kinder in Nordamerika und Europa, obwohl nur 9 unserer Kinder von dort stammen.

Aber das heißt natürlich nicht, dass die anderen Kinder nicht spielen. Spielen ist die wichtigste Tätigkeit für jedes Kind – dabei lernt es viel über die Welt, über sich selbst und andere. In anderen Teilen der Welt haben die Kinder einfach weniger Spielzeug als bei uns, sie spielen mit Dingen, die sie finden, die sie selbst basteln oder die im Haushalt herumliegen. Mit etwas Fantasie wird ein Stück Holz zum Schiff oder ein Stock zu einem Schwert.

Es ist auch nicht so, dass Kinder, die mehr Spielzeug haben, mehr damit spielen oder glücklicher wären. Wie viele von den Sachen in deinem Zimmer hast du seit Jahren nicht benutzt?

100 Kinder haben im vergangenen Jahr ungefähr 300 Spielzeuge geschenkt bekommen, also jedes Kind durchschnittlich 3 Stück. Aber die sind über die Welt sehr ungleich verteilt, wie diese Karte zeigt.

Wissenschaftler haben einen Versuch gemacht und kleinen Kindern unter drei Jahren entweder vier oder sechzehn Spielzeuge hingelegt. Die Kinder, die nur unter vier Dingen wählen konnten, spielten ausdauernder und kreativer damit.

Und was spielen die Kinder der Welt am liebsten? Die Zeiten ändern sich: Eure Eltern haben noch am liebsten draußen gespielt. Heute stehen zumindest in den reichen Ländern digitale Spiele, also zum Beispiel Spielkonsolen oder Tablet-Spiele, ganz oben auf der Liste.

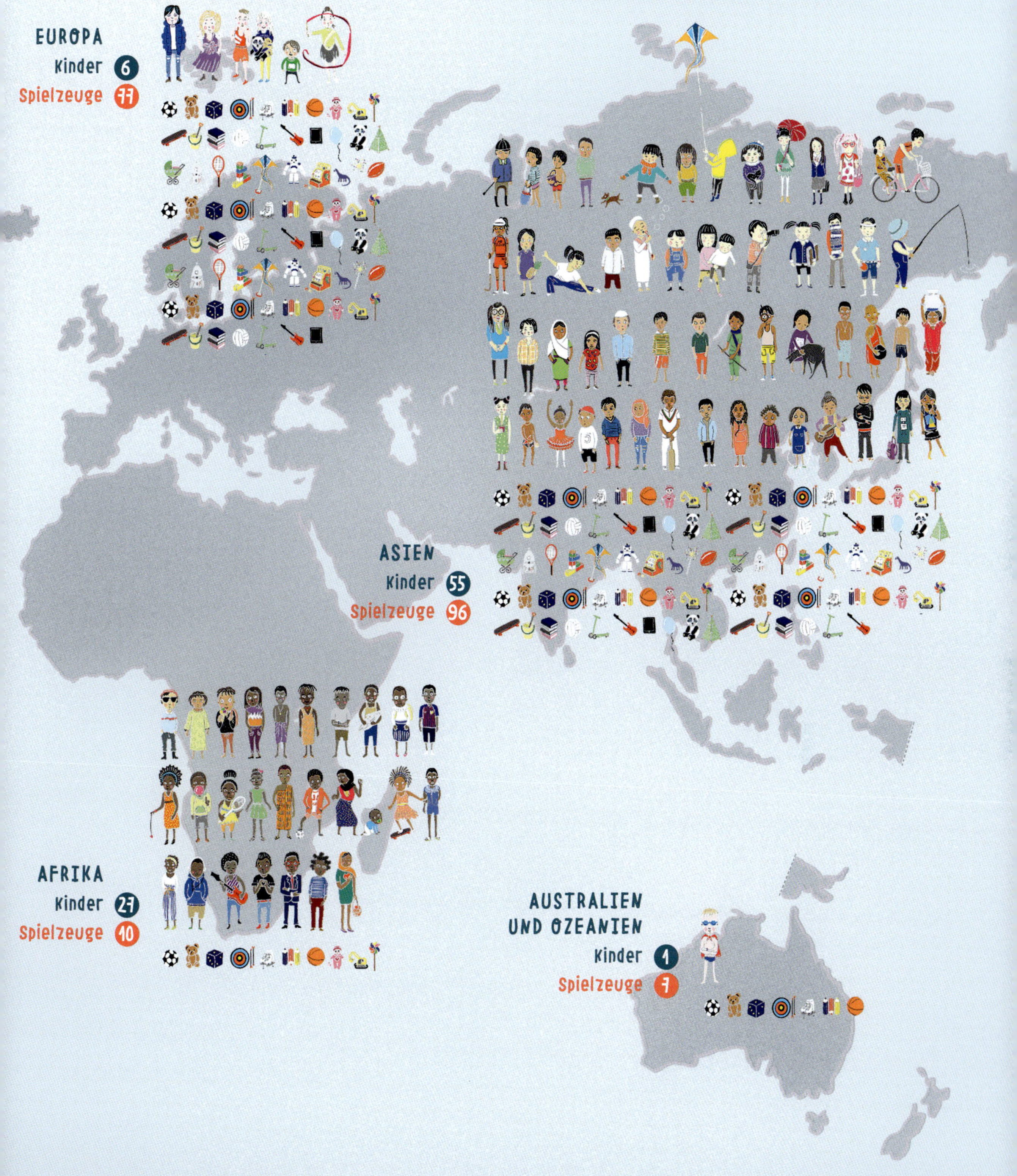
EUROPA
Kinder 6
Spielzeuge 77
ASIEN
Kinder 55
Spielzeuge 96
AFRIKA
Kinder 27
Spielzeuge 40
AUSTRALIEN UND OZEANIEN
Kinder 1
Spielzeuge 7

100 machen Musik

Dies ist das einzige Kapitel mit der Zahl 100. Alle Kinder der Welt machen Musik? Vielleicht sagst du jetzt „Ich kann doch gar kein Instrument spielen!“ oder „Ich singe ganz schief!“. Vielleicht hat dir sogar schon einmal ein Lehrer oder eine Lehrerin gesagt, dass deine Töne nicht ganz richtig sind.

In Ländern wie Deutschland, Österreich und der Schweiz gilt Musikalität als eine Spezialbegabung – nur manche Leute können Musik erlernen, und sie müssen viele Jahre Unterricht nehmen. Der Rest der Menschen kann nur zuhören. In anderen Ländern, etwa in Afrika, ist Musik Teil des täglichen Lebens, jeder hört Musik und macht Musik, so wie auch jeder spricht. Und es gibt in letzter Zeit eine Menge wissenschaftlicher Untersuchungen dazu, dass Musik genau wie die Sprache etwas ist, was allen Menschen gemeinsam ist. Noch keine Regierung der Welt hat es geschafft, ihrem Volk die Musik zu verbieten.

Ich bin überzeugt, dass jeder Mensch musikalisch ist. Wer kein guter Sänger oder Instrumentalist ist, der kann vielleicht besonders gut zu Musik tanzen. Tanz und Musik sind in vielen Ländern untrennbar miteinander verbunden. Oder jemand kann besonders gut über Musik schreiben und wie sie bei uns Gefühle auslöst – es heißt auch oft, Musik sei die Sprache der Gefühle.

Gibt es einen Tag, an dem du nicht ein Lied vor dich hin summst, auch wenn niemand es hört? Und sei es nur im Kopf? Ich glaube kaum. Deshalb also meine Zahl von 100 Prozent. Wenn man nur die Kinder betrachtet, die Musikunterricht nehmen, in einem Chor singen oder in einer Band spielen, dann sind die Zahlen natürlich geringer. Für die ganze Welt ist das schwer herauszufinden – wie gesagt, in manchen Ländern betrachtet man Musik gar nicht als etwas, für das man extra Unterricht nehmen muss –, aber für Deutschland habe ich Zahlen gefunden. Demnach beschäftigen sich 21 Prozent aller Kinder mindestens einmal in der Woche mit einem Musikinstrument oder singen. Also jedes fünfte Kind.

Musikhören gehört zu den liebsten Freizeitbeschäftigungen von Kindern und Jugendlichen. Wenn man aber nach den liebsten Schulfächern fragt, wird der Musikunterricht immer ganz zuletzt genannt. Seltsam, oder? Vielleicht liegt es daran, wie bei uns Musik gelehrt wird. Wenn Kinder Spaß an Musik haben, streiten sie weniger und kommen besser mit ihren Mitschülerinnen und Mitschülern aus. Denn Musik war immer schon dazu da, die Menschen miteinander zu verbinden.

17 reisen in diesem Jahr ins Ausland

Jeder Mensch muss sich mal erholen. Nicht an die Schule oder Arbeit denken, stattdessen Menschen aus anderen Kulturen treffen, sich Sehenswürdigkeiten anschauen oder faul am Strand liegen. Und endlich können Kinder und Eltern mal den ganzen Tag zusammen verbringen, ohne Hektik und Stress. Niemand weiß genau, wie viele Menschen Ferien machen. Was sind überhaupt Ferien? Zählt schon ein Wochenende bei der Oma dazu? Um auf diese Zahl zu kommen, habe ich mir angeschaut, wie viele Menschen jedes Jahr ins Ausland reisen. Aber selbst diese Zahlen sind nur sehr ungenau. Aus vielen Ländern Afrikas gibt es zum Beispiel überhaupt keine Zahlen.

Fährst du mit deiner Familie jedes Jahr in die Ferien? An ein deutsches Reiseziel oder in ein anderes europäisches Land? Oder gar in ferne Länder wie die USA, Thailand oder die Karibik? Vielleicht sogar nicht nur einmal, sondern mehrmals? Das ist auch in Deutschland nicht selbstverständlich. Ein Viertel aller deutschen Kinder fährt nicht einmal eine Woche lang weg. Zeit hätten sie genug, aber die Eltern können es sich nicht leisten. Wahrscheinlich gibt es auch in deiner Klasse Kinder, die immer von ihren tollen Reisen erzählen, und andere, die gar nichts sagen. Jetzt weißt du, warum. ✳

52 haben zu Hause ein Fahrrad

Ein eigenes Rad ist noch weniger selbstverständlich, als du vielleicht nach dieser Überschrift denkst. In vielen ärmeren Ländern ist das Fahrrad ein teures Transportmittel, so wie bei uns das Auto, und die Familie hat nur ein einziges. Kinder solcher Familien können das Familienfahrrad zwar benutzen, aber es gehört ihnen nicht. Wenn es für die Arbeit gebraucht wird, geht das natürlich vor.

Das Fahrrad ist ein sehr umweltfreundliches Gefährt, es erzeugt keine Abgase, und Radfahren ist gut für die Gesundheit. Und weil der Umweltschutz immer wichtiger wird, bauen die Städte immer bessere Radwege, damit die Menschen mit dem Rad zur Schule oder zur Arbeit fahren können. Natürlich radeln die Menschen lieber in flachen Landschaften als im Gebirge. Das ist sicher ein Grund dafür, warum die Niederlande das Fahrradland Nummer eins in der Welt sind: Dort gibt es genauso viele Fahrräder wie Menschen. Dahinter kommt Dänemark. In dessen Hauptstadt Kopenhagen gibt es richtige „Autobahnen" für Fahrräder, dort kommt man mit dem Rad schneller voran als mit jedem anderen Verkehrsmittel. Und schon auf Platz drei kommt Deutschland. In 80 von 100 Haushalten gibt es mindestens ein Fahrrad, und drei Viertel aller Kinder fahren zumindest manchmal mit dem Rad.

Trotzdem machen sich manche Experten Sorgen, dass Kinder heute nicht mehr richtig Fahrrad fahren können. Fast alle Schulkinder machen in Deutschland in der 4. Klasse eine theoretische und praktische Radfahrprüfung, doch immer weniger Schülerinnen und Schüler bestehen diese Prüfungen. Also, raus aufs Rad und ein paar Runden drehen!

4 Jungen und 1 Mädchen spielen Fußball

Fußball ist weltweit die beliebteste Sportart. Deshalb wundert es dich vielleicht, dass angeblich nur 5 Kinder Fußball spielen. Kickt nicht jedes Kind ab und zu mit einem Ball herum? Stimmt, aber hier geht es um die Kinder, die in einer Mannschaft spielen, zum Beispiel in der Schule. Und diese organisierte Art, Sport zu treiben, ist auf der Welt unterschiedlich stark verbreitet. Am meisten kicken die Kinder in Europa, Südamerika und den USA. In Afrika und Asien dagegen gibt es weniger organisierten Sport.

Die Deutschen organisieren sich besonders gern in Vereinen und eben auch in Sportvereinen. Und da liegt zumindest bei den Jungen auch der Fußball vorne: 24 von 100 deutschen Jungen sind in einem Fußballverein, bei den Mädchen sind es nur 5. Deren liebste Sportart ist das Turnen. Alle anderen Disziplinen wie Schwimmen, Leichtathletik, Tennis und Handball kommen weit dahinter.

Und es gibt eine Sportart, bei der die Jungen komplett in der Minderheit sind: Zehnmal so viele Mädchen wie Jungen gehen reiten.

75 können nicht schwimmen

Hierzu gibt es leider kein gutes Zahlenmaterial, aber man kann es schätzen. Die meisten Kinder unter 7 Jahren können noch nicht schwimmen, das sind 49 Kinder in unserem Dorf. Von den restlichen Kindern sind etwa die Hälfte Nichtschwimmer, das sind noch einmal 26. Es ist ja auch nicht leicht zu sagen, was es heißt, schwimmen zu können. Reicht es, sich ein paar Minuten über Wasser halten zu können? Das „Seepferdchen" zu haben? Oder sollte man zumindest eine Bahnlänge schwimmen können? Auch davon hängt es ab, wie viele Menschen man als Nichtschwimmer bezeichnen kann.

Schwimmen ist nicht nur eine Freizeitbeschäftigung, es kann auch überlebenswichtig sein. Etwa 370 000 Menschen ertrinken jedes Jahr, vor allem in ärmeren Ländern und vor allem Kinder. In Afrika und Asien leben viele Kinder in der Nähe vom Meer oder von Flüssen, können aber nicht schwimmen. Dort gibt es kaum Sicherheitsmaßnahmen, die vor dem Fall ins Wasser oder vor Überschwemmungen schützen. Im Prinzip kann so etwas überall passieren. Deshalb sollte jeder und jede schwimmen lernen – je früher, desto besser!

WIE ES UNS GEHT

12 sind Vegetarier

Vegetarier sind Menschen, die kein Fleisch von Tieren essen. Veganer leben noch strenger, sie essen oder benutzen überhaupt keine Tierprodukte, trinken also keine Milch, essen keine Eier und tragen kein Leder.

Es gibt verschiedene Gründe, warum Menschen keine Tiere essen: Manche finden es grausam, Tiere zu töten, um sie zu essen. Andere verzichten auf Fleisch, weil es schlecht für die Umwelt ist: Damit wir ein Kilo Rindfleisch kaufen können, muss vorher eine Kuh herangezogen und gefüttert werden, dazu braucht man über hundertmal so viel Fläche auf dem Feld wie für ein Kilogramm Karotten. Dann gibt es Religionen, die es verbieten, bestimmte Tiere zu essen – Schweinefleisch bei Juden und Muslimen, Rindfleisch bei den Hindus. Und ein ganz großer Teil der Menschheit ernährt sich so, weil er sich einfach kein Fleisch leisten kann.

Von den 12 Vegetarier-Kindern kommen sechs aus Indien. Dort ernährt sich nämlich ein Drittel der Bevölkerung vegetarisch. Und wenn du schon einmal in einem indischen Restaurant warst, dann weißt du, wie lecker diese Gemüsegerichte schmecken können. Viele vegetarische Gerichte kann man auch als „Fast Food" bezeichnen – sie werden von Händlern am Straßenrand angeboten, etwa in einem Brotfladen, und lassen sich schnell zwischendurch essen.

Wenn wir von Fast Food sprechen, dann meinen wir aber normalerweise etwas anderes: Hamburger, Würstchen und Pizza, meistens verkauft in Ketten-Restaurants. In Europa und Nordamerika essen die Kinder und Jugendlichen immer mehr solches Fast Food. Anders als das schnelle Essen in Indien oder China enthält dieses Fast Food viele Kalorien und wenig Vitamine und Nährstoffe, es ist ein Grund, warum es immer mehr übergewichtige Kinder gibt.

Einmal in der Woche ein Würstchen oder einen Burger essen, das ist nicht ungesund. Aber in den USA isst jedes dritte Kind täglich Fast Food, oft wird das sogar in der Schule serviert. Und das ist ganz bestimmt zu viel. ✱

18 sind übergewichtig

Manche Kinder sind dicker, andere sind dünner. Das ist erst mal normal, wir sind alle unterschiedlich. Aber zu dünn oder zu dick, das kann ungesund sein.

Fangen wir an mit der Unterernährung: In vielen Ländern der Erde, vor allem in Indien und den Ländern Afrikas, leiden immer noch viele Kinder an Hunger. Vor allem in den ersten Lebensjahren, wenn sich der Körper noch entwickelt, ist es wichtig, genug zu essen zu bekommen. Sonst wachsen die Kinder nicht richtig. 22 von 100 Kindern unter fünf Jahren weltweit sind für ihr Alter zu klein. Die Vereinten Nationen, also die Vereinigung aller Länder der Welt, haben sich vorgenommen, den Hunger aus der Welt zu schaffen, aber noch sind wir weit davon entfernt. Jedes Jahr sterben etwa drei Millionen Kinder unter fünf Jahren, weil sie nicht genug zu essen haben – das bedeutet, dass alle zehn Sekunden irgendwo auf der Welt ein Kind verhungert.

Dauernd Hunger zu haben – wie 10 unserer Kinder – ist nicht gut, aber dauernd zu viel zu essen auch nicht. Das ist erst in den letzten Jahrzehnten zu einem Problem geworden. Die Zahl der dicken Kinder hat sich in den letzten 40 Jahren verzehnfacht! Von den 18 Kindern in unserem Dorf, die übergewichtig sind, gelten 7 sogar als „fettleibig“, also extrem übergewichtig. Fettleibige Menschen entwickeln oft Herzprobleme, und sie können zuckerkrank werden, dann kann ihr Körper nicht mehr richtig mit Zucker umgehen, und sie müssen sich regelmäßig eine Substanz namens Insulin spritzen.

Es gibt in den reichen Ländern der Erde viele übergewichtige Kinder, aber nicht nur da. Auch in ärmeren Ländern ist die Zahl stark gestiegen, zum Beispiel im Osten Europas und auf den Südseeinseln im Pazifik. Oft wird dort, wo es früher zu wenig zu essen gab, heute zu viel gegessen und vor allem die falschen Dinge. Deshalb ist es wichtig, dass Kinder schon früh im Kindergarten und in der Schule lernen, wie man sich gesund ernähren kann.

48 Kinder essen vor allem Reis

Vielleicht hast du schon mal gehört, dass wir für unsere Ernährung drei wichtige Nährstoffe brauchen: erstens Eiweiß, das in Fleisch, Fisch und Eiern steckt. Zweitens Fett, das von Tieren oder Pflanzen stammen kann. Und drittens Kohlenhydrate. Um die geht es hier: Wie versorgen sich die Kinder der Welt damit?

Deutschland gehört zu den 10 Ländern, in denen Kohlenhydrate vorwiegend aus Kartoffeln stammen. Deshalb werden wir manchmal scherzhaft als „Kartoffelfresser" bezeichnet. Insgesamt sind das drei Kinder im Dorf. Fast die Hälfte unserer Kinder, vor allem in Asien, isst hauptsächlich Reis. Auf Platz zwei liegen die Weizenländer mit 26 Kindern. Weizen, der in den meisten Brotsorten steckt, ist in vielen anderen Ländern das zweitbeliebteste Nahrungsmittel. 12 Kinder essen überwiegend Maniok, eine Wurzelknolle, aus der man ein Mehl mit dem Namen Tapioka macht. Fast alle diese Kinder leben in Afrika. 9 Kinder, vor allem in Afrika und Mittelamerika, essen vorwiegend Mais, aber nicht nur die Maiskörner: Mexikanische Spezialitäten wie Tacos haben Maismehl als Grundlage.

4 sind psychisch krank

Gesund zu sein bedeutet nicht nur, dass der Körper funktioniert. Auch die Seele kann krank werden, wie bei vier unserer Kinder. Die Vereinten Nationen schätzen, dass etwa 13 Prozent der Kinder zwischen 10 und 14 Jahren eine psychische Störung haben. Den größten Anteil haben Angststörungen und Depressionen – wenn man sich große Sorgen macht oder sehr traurig ist. Außerdem werden Verhaltensstörungen, wenn sich Kinder auffällig benehmen, ADHS, wenn man sich nicht richtig konzentrieren kann, und geistige Behinderungen genannt.

In der Zeit der Corona-Pandemie konnten viele Kinder nicht in die Schule gehen und nachmittags nicht mit ihren Freundinnen und Freunden spielen. Das hat bei manchen zu psychischen Problemen geführt.

Falls es dir auch so geht, ist es wichtig, mit Eltern, Lehrerinnen oder Lehrern darüber zu reden. Nur so kannst du Hilfe bekommen und wieder gesund werden, das ist auch nicht anders als bei einem gebrochenen Arm.

70 sind gegen Masern geimpft

Früher starben sehr viele Menschen an ansteckenden Krankheiten, auch Infektionskrankheiten genannt: Pest, Pocken, Typhus, Keuchhusten. Die Leute wussten noch nicht, dass diese Krankheiten durch Erreger von Mensch zu Mensch übertragen werden. Irgendwann merkte man, dass man „immun" gegen eine solche Krankheit werden kann. Das bedeutet, dass man sich nicht mehr mit ihr anstecken kann, wenn man sie beim ersten Mal überlebt hat.

Heute wissen wir, dass unsere Abwehrzellen, also das Immunsystem, bei der ersten Ansteckung lernt, mit dem Erreger zu kämpfen. Deshalb kam man auf die Idee, den Menschen eine ungefährliche Version dieser Erreger zu spritzen, um damit das Immunsystem zu trainieren. Impfen nennt man das. Wenn man sich dann mit den wirklich gefährlichen Viren oder Bakterien ansteckt, dann kennt der Körper sie schon und kann sie sofort unschädlich machen.

Wenn viele Menschen geimpft werden, dann sind sie nicht nur selbst gegen den Erreger immun. Er hat auch immer weniger Chancen, von Mensch zu Mensch weitergegeben zu werden, und stirbt irgendwann aus. Das ist beim Pockenvirus geschehen – heute müssen Kinder nicht mehr gegen Pocken geimpft werden.

Allerdings kann man in ganz seltenen Fällen durch die Impfung krank werden. Deshalb lassen manche Eltern ihre Kinder nicht impfen, auch wenn alle Ärzte sagen, dass das sehr gefährlich ist. So gab es 2019 in einigen Gegenden der USA eine regelrechte Masern-Welle. Das ist eine Krankheit, die vor allem Kinder befällt. Man bekommt am ganzen Körper rote Pusteln, hat hohes Fieber, und manchmal können Masern tödlich enden. Im Jahr 2021 sind weltweit 128 000 Menschen an Masern gestorben – dabei ist die Krankheit so leicht zu verhindern, wenn nur genügend Kinder geimpft werden. In Deutschland wurde deshalb vor ein paar Jahren die Impfpflicht für Masern eingeführt. *

5 sind Menschen mit einer Behinderung

Am besten vergisst du diese Zahl ganz schnell wieder! Erstens ist sie sehr alt, sie geistert seit mindestens 15 Jahren herum. Zweitens ist sie nicht sehr zuverlässig, es gibt aus vielen Ländern der Welt keine verlässlichen Zahlen über Kinder mit einer Behinderung. Vor allem aber: Was heißt überhaupt „Behinderung"? Je nachdem, wen man fragt und wie man fragt, bekommt man sehr unterschiedliche Antworten. Ist ein Kind, das anders lernt als der Rest der Klasse, ein behinderter Mensch? Und was hat sie oder er mit einem Blinden gemeinsam, oder mit einer, die nicht laufen kann?

Wie unterschiedlich Behinderungen aussehen können und welche Bedürfnisse diese Kinder haben, möchte ich an ein paar Beispielen zeigen:

* Blinde oder stark sehbehinderte Kinder können Filme anhören, wenn diese eine Extra-Tonspur mit Beschreibungen haben. Bei Büchern und Websites helfen ihnen Punktschrift und Punkttastatur und sie können sich Bücher und Websites

vorlesen lassen, wenn es ein Hörbuch gibt oder die Website entsprechend angepasst ist.

✱ Gehörlose Kinder unterhalten sich mit den Händen, wenn sie die Gebärdensprache können. Dafür gibt es spezielle Lehrerinnen und Lehrer. Am besten ist es natürlich, wenn auch Hörende gebärden können.

✱ Kinder, die nicht oder nicht so gut laufen können, benutzen einen Rollstuhl. Damit sie überall hinkommen und mitmachen können, brauchen sie Aufzüge und Rampen. Zum Beispiel in Schulen, Kinos, Parks und überall da, wo Menschen, die laufen können, auch gerne sind.

✱ Es gibt Kinder, die an Albinismus leiden. Ihnen fehlen die Farbstoffe in der Haut und in den Augen. Dadurch sind sie sehr sonnenempfindlich und können oft nicht gut sehen. Manche Menschen in Afrika glauben, dass Albinos von bösen Geistern besessen sind. Viele werden wegen dieses Aberglaubens verfolgt. Dabei hat das Aussehen einen medizinischen Grund.

✱ Autistische Kinder haben manchmal Schwierigkeiten, mit anderen umzugehen. Ihnen ist die Umwelt oft zu laut, zu hell oder einfach zu intensiv. Sie ziehen sich dann zurück und sind nicht gern unter Leuten. Manche haben ganz besondere Fähigkeiten auf einem bestimmten Gebiet, können zum Beispiel gut rechnen.

✱ Kinder mit dem Down-Syndrom denken und lernen anders als andere und haben oft auch körperliche Krankheiten.

Kannst du jetzt verstehen, warum es komisch ist, dass wir all diese sehr unterschiedlichen Kinder mit demselben Wort bezeichnen?

»→ In vielen Teilen der Welt schämen sich Familien immer noch, wenn sie ein Kind mit einer Behinderung haben, das Kind wird oft versteckt und nicht zur Schule geschickt. Auch in Deutschland ist das manchmal noch so. Bis heute werden die meisten Menschen mit Behinderung auf spezielle Schulen geschickt. Wissenschaftler haben aber herausgefunden, dass alle Kinder besser lernen, wenn sie zusammen unterrichtet werden. Dafür brauchen Lehrerinnen und Lehrer im Klassenzimmer Helfer, die einzelne Kinder unterstützen können. Der Gedanke dahinter ist: Jeder Mensch soll die Chance haben, möglichst viel zu lernen und sich gemäß seinen Fähigkeiten zu entfalten! ✱

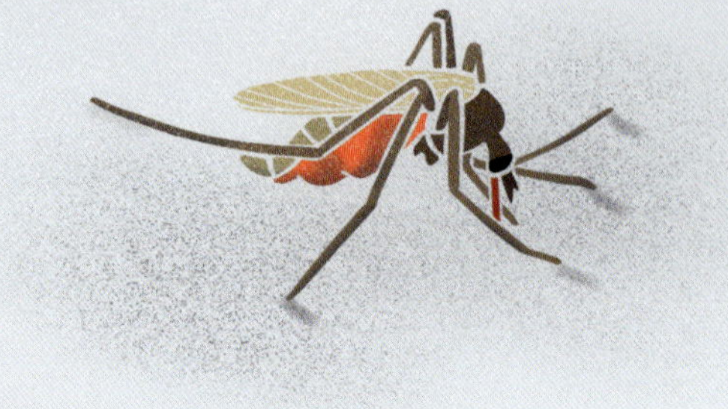

3 stecken sich dieses Jahr mit Malaria an

Welches Tier tötet die meisten Menschen? Es ist weder der Hai noch der Löwe, sondern eine kleine Mücke. Die Anopheles-Mücke, die es in allen heißen Regionen der Welt gibt, überträgt einen Erreger, der die Krankheit Malaria auslöst, wie bei drei unserer Kinder. Die Krankheit beginnt harmlos, man hat Fieber und fühlt sich schlapp. Aber wenn Malaria nicht richtig behandelt wird, kann es tödlich sein, besonders für kleine Kinder. Jede Minute stirbt in Afrika ein Kind an Malaria.

Man kann einiges tun, um die Ansteckung zu vermeiden: Ganz wichtig sind Moskitonetze, die verhindern, dass man in der Nacht gestochen wird. Es gibt Medikamente, mit denen man die Krankheit gut behandeln kann, wenn man rechtzeitig damit beginnt. In afrikanischen Ländern wird auch ein Impfstoff ausprobiert, der den größten Teil der Kinder vor einer Infektion mit Malaria schützen kann.

Weitere Infektionskrankheiten, an denen viele Kinder sterben, sind vor allem Lungenentzündung, Durchfall und Tuberkulose. Vielleicht denkst du jetzt: Was, man kann an

Durchfall sterben? Bei uns kommt das praktisch nicht vor, weil wir sauberes Wasser haben und eine gute medizinische Versorgung. Millionen von Kindern müssten nicht sterben, wenn wir die Situation in den ärmeren Ländern verbessern würden. Seit 1990 ist die Zahl der Kinder, die vor ihrem 5. Geburtstag sterben, schon um 60 Prozent zurückgegangen, aber wir können noch mehr tun.

13 sind kurzsichtig

Es ist seltsam: Die Menschheit wird immer kurzsichtiger. Im Jahr 2050 wird die Hälfte der Weltbevölkerung die Dinge, die weit entfernt sind, nicht richtig scharf sehen können. Woran das liegt, ist noch nicht so wirklich bekannt. Wahrscheinlich hat es damit zu tun, dass wir immer mehr Zeit drinnen verbringen und auf Bücher und Bildschirme starren, statt nach draußen zu gehen und wirklich in die Ferne zu schauen.

Die Kurzsichtigkeit ist aber auch unterschiedlich verbreitet: Unter den 15-Jährigen in Schwarzafrika sind nur 6 Prozent betroffen, unter den gleichaltrigen Jugendlichen in Ostasien sind es 70 Prozent.

Aber wer braucht wirklich eine Brille? Nicht jeder, der ein bisschen kurz- oder weitsichtig ist, muss ständig eine Brille tragen. Für Erwachsene ist es wichtig, dass sie zum Beispiel sicher Auto fahren können. Kinder sollten in der Lage sein zu lesen, was die Lehrerin oder der Lehrer an die Tafel schreibt – auch wenn sie in der letzten Reihe sitzen.

Auf jeden Fall sollte man regelmäßig untersuchen, wie gut Kinder sehen können. Sonst merkt das nämlich niemand – die

Kinder selbst kennen es ja nicht anders. Und dann kann es vorkommen, dass ein Kind schlechte Leistungen in der Schule hat. Nicht weil es nicht intelligent genug ist, sondern weil es die Schrift an der Tafel nicht richtig lesen kann.

Es ist eigentlich gar nicht teuer, Kindern zu helfen, deren Eltern sich keine Brille leisten können. Weltweit werden viele Spenden gesammelt, um andere Krankheiten zu bekämpfen. Doch nur wenige Organisationen kümmern sich um Brillenspenden – dabei könnte man damit sehr vielen Kindern helfen. Denn 4 unserer Kinder bräuchten eine Brille, haben aber keine!

66 wurden im Krankenhaus geboren

Bestimmt haben dir deine Eltern erzählt, wo du geboren wurdest. Wahrscheinlich war das in einem Krankenhaus – fast 98 Prozent aller Kinder in Deutschland kommen in einer Klinik zur Welt. Dort fühlen sich die meisten Eltern sicher, weil immer Ärztinnen und Ärzte in der Nähe sind, falls die Geburt etwas komplizierter wird. Manche Leute möchten ihre Kinder lieber in ihrer vertrauten Umgebung zu Hause bekommen. Dann ist aber immer eine Hebamme dabei, also eine Person, die sich mit Geburten auskennt, und die kann zur Not einen Krankenwagen rufen.

Eine so sichere Geburt haben weltweit längst nicht alle Kinder, auch wenn die Zahlen von Jahr zu Jahr besser werden. In den letzten Jahren war bei 83 von 100 Geburten zumindest jemand dabei, der sich damit auskennt.

In den ärmsten Ländern, vor allem in Afrika, wird noch immer die Mehrzahl der Kinder ohne professionelle Hilfe geboren. Das kann lebensgefährlich sein – für das Baby, aber auch für die Mutter.

MAYE

52 sind im vergangenen Jahr Opfer von Gewalt geworden

Euer Opa und eure Oma sind wahrscheinlich noch als Kind von ihren Eltern geschlagen worden, wenn sie sich nicht so benommen haben, wie sich die Erwachsenen das vorstellten. Sogar die Lehrerinnen und Lehrer durften die Kinder in der Schule körperlich bestrafen – ein Schlag mit dem Lineal auf die Finger war keine Seltenheit.

Heute sind sich die meisten Erwachsenen zumindest in Europa und Nordamerika einig: Gewalt gegen Kinder ist eine schlimme Sache. Kinder sind nicht nur meist schwächer als Erwachsene, sie leiden auch mehr darunter, wenn ihnen körperlich oder seelisch Schaden zugefügt wird.

Es ist nicht leicht herauszufinden, wie viele Kinder trotzdem Gewalt erfahren. Vieles davon passiert zu Hause, und nicht einmal die Nachbarn bekommen es mit. Dennoch versucht die Weltgesundheitsorganisation solche Zahlen zu ermitteln und dann zu überlegen, was man dagegen tun kann.

Die Gewalt, von der hier die Rede ist, geht aber nicht nur von Eltern oder Lehrerinnen und Lehrern aus. Dazugezählt wird auch das Mobbing in der Schule, wenn Kinder andere Kinder quälen. Und es geht auch nicht nur um Schläge und Tritte. Es ist auch Gewalt, wenn Kinder von ihren Eltern vernachlässigt werden, wenn sie nicht genug zu essen bekommen oder wenn sie eingesperrt werden. Und es gibt auch psychische Gewalt – wenn man sich über Kinder lustig macht, sie wegen ihrer Hautfarbe benachteiligt oder sie bedroht.

In den Ländern der Welt ist das Problem unterschiedlich groß. Dass die Gewalt gegen Kinder in Europa und Nordamerika stark zurückgegangen ist zeigt auch, dass man etwas tun kann. Es muss per Gesetz verboten sein, Kinder zu quälen, und man muss die Erwachsenen aufklären über den Schaden, den sie bei den Kindern anrichten können. Nur ein Kind, das sich sicher fühlt, kann lernen und seine Persönlichkeit richtig entwickeln. Dann wird es später, wenn es groß ist, seine eigenen Kinder gut behandeln.

WAS WIR LERNEN

54 gehen in den Kindergarten oder in die Schule

Du freust dich wahrscheinlich über jeden Tag, an dem du nicht in die Schule gehen musst. Das ist auch völlig okay – Schule macht nicht immer Spaß, und du würdest vielleicht lieber zu Hause bleiben, spielen, lesen …

Aber stell dir vor, du hättest überhaupt keine Gelegenheit, in die Schule zu gehen. Für viele Kinder auf der Welt ist das so. Von unseren 100 Kindern – wir nehmen diesmal alle Kinder unter 16 Jahren – sind 18 im Kindergartenalter, aber nur 9 besuchen einen Kindergarten oder eine Vorschule. 35 sind im Grundschulalter, nur 5 davon gehen nicht hin. Bei den älteren Kindern ist der Anteil derjenigen, die zur Schule gehen, wieder kleiner: 28 sind im Alter für eine weiterführende Schule, aber nur wenige bekommen die Gelegenheit, sie zu besuchen. Das kann damit zu tun haben, dass viele Jugendliche schon arbeiten gehen müssen. Und von den Kindern, die mit der Grundschule anfangen, machen auch nur drei Viertel alle Klassen bis zum Ende mit. In einer so kurzen Zeit kann man nicht viel lernen.

Schule – das ist mehr als Lesen, Schreiben und das kleine

Einmaleins. Was man in der Schule lernt, ist die Grundlage für das spätere Leben. Gerade Kinder, die bisher nur die kleine Welt ihres Dorfs kennen gelernt haben, erfahren dort Dinge über die Welt, die ihre Eltern vielleicht gar nicht wissen. Mädchen erfahren, dass sie später studieren können, dass sie nicht auf ihre traditionelle Rolle als Mutter und Hausfrau beschränkt sind. Eine vernünftige Schulbildung ist gerade für Kinder in armen Ländern das wichtigste Werkzeug, um sich aus der Armut zu befreien.

Wo wir von Mädchen sprechen: Es gibt in vielen Ländern immer noch die Meinung, dass Bildung etwas für Jungen ist und Mädchen nicht unbedingt zur Schule gehen müssen. In vielen afrikanischen Ländern ist das immer noch verbreitet. Aber nimmt man die ganze Welt zusammen, dann hat sich das in den letzten Jahrzehnten angeglichen: Von unseren 54 Schulkindern sind 28 Jungen und 26 Mädchen.

92 werden später einmal lesen und schreiben können

»→ Wenn du dieses Buch liest, kannst du lesen. Schreiben auch, oder? Aber die meisten Fünfjährigen können es noch nicht. Lesen lernen dauert mehrere Jahre, und wenn man herauskriegen will, ob in einem Land die Leute wirklich etwas lernen in der Schule, schaut man sich Jugendliche und junge Erwachsene zwischen 15 und 24 Jahren an. Diejenigen, die dann nicht lesen und schreiben können, nennt man „Analphabeten". In den letzten Jahren haben die Mädchen gegenüber den Jungen endlich aufgeholt. Sie gehen heute in fast allen Ländern so häufig in die Schule wie die Jungen.

In den reichen Ländern der Erde lernen praktisch 100 Prozent aller Kinder diese grundlegenden Fähigkeiten. Ganz unten auf der Liste stehen afrikanische Länder. Auf der übernächsten Seite kannst du sehen, in welchen Ländern Afrikas nur sehr wenige Kinder lesen und schreiben können – in Niger zum Beispiel sind es nur 51 Prozent der Jungen und 36 Prozent der Mädchen.

Aber selbst wenn jemand seinen Namen schreiben, Buchstaben entziffern und sie zu Wörtern zusammensetzen kann, heißt das noch lange nicht, dass er oder sie auch wirklich kapiert,

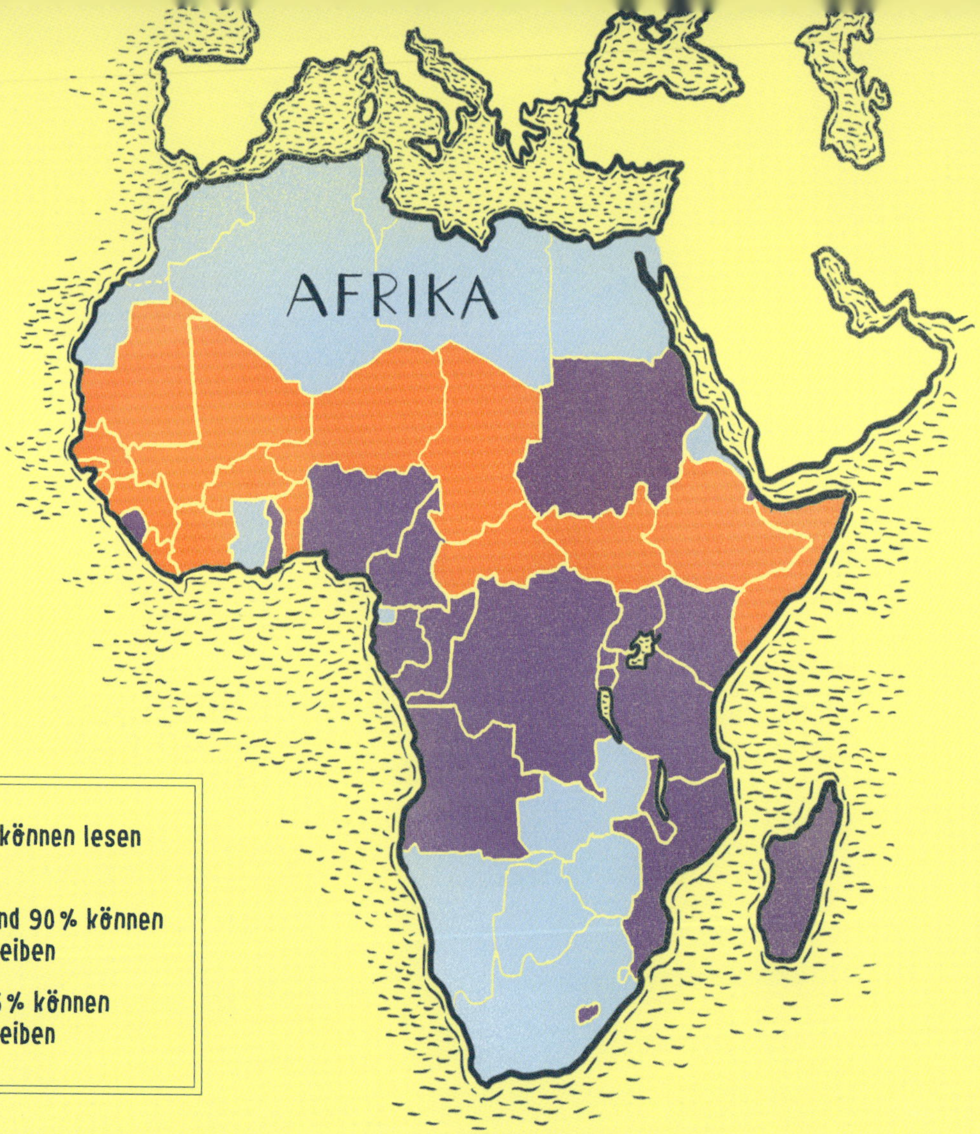

was da steht. In Deutschland gibt es mehrere Millionen solcher „funktionaler Analphabeten“, die Probleme haben, die Zeitung zu lesen oder auch nur eine einfache Gebrauchsanweisung.

Die Lese- und Schreibfähigkeiten werden international jedoch immer besser. Heute können 92 von 100 jungen Erwachsenen auf der Welt lesen und schreiben, im Jahr 1990 waren es nur 83. ✻

你好 [2] नमस्ते [1] မင်္ဂလာပါ [8]

Γειά σου [11] こんにちは [7]

হ্যালো [4]

안녕 [9]

44 schreiben mit lateinischen Buchstaben

Die Schrift, die du in der Schule lernst, heißt „lateinische“ Schrift. Sie stammt von den Römern und die sprachen Latein. Die meisten europäischen Sprachen benutzen diese Schrift und 44 unserer Kinder (Ausnahmen sind die griechische Schrift und die kyrillische, die vor allem in Russland und Bulgarien benutzt wird).

Die anderen drei großen Schriftsysteme sind Indisch (20 Kinder), Chinesisch (13 Kinder) und Arabisch (13 Kinder in 27 Ländern). 2 Kinder, die in Bangladesch leben, schreiben Bengalisch, 2 Kinder schreiben Äthiopisch, 2 Kyrillisch und je 1 Kind Japanisch, Birmanisch, Koreanisch und Thai. ✱

Привет [6] أهلاً [3] ሰላም [5]

สวัสดี [10]

Erkennst du alle? So schreibt man „Hallo“ in anderen Schriften bzw. Sprachen.

1 „Haloo“ / Hindi / Indien
2 „Ni hao“ / Traditionelles Chinesisch / China
3 „Ahlan“ / Arabisch / Oman und andere Länder
4 „Hyalo“ / Bengalisch / Bangladesch
5 „Selam“ / Amharisch / Äthiopien
6 „Priwjet“ / Russisch / Russland
7 „Konnichiwa“ / Japanisch / Japan
8 „Mingalarbar“ / Birmanisch / Myanmar
9 „Annyeong“ / Koreanisch / Nord- und Südkorea
10 „Sawasdee“ / Thai / Thailand
11 „Jásou“ / Griechisch / Griechenland

40 werden nach der Schule noch eine weitere Ausbildung machen

Weißt du schon, was du nach der Schule machen willst? Manche Jugendliche steigen sofort in einen Beruf ein. Es reizt sie, dass sie ihr eigenes Geld verdienen können. Oder sie müssen arbeiten gehen, weil ihre Familie arm und deshalb auf das Geld angewiesen ist.

Diese Kinder müssen meist sehr einfache Arbeiten ausführen, weil sie keinen besonderen Beruf gelernt haben. Es gibt aber viele Möglichkeiten, nach der Schule weiterzulernen: eine sogenannte „duale Ausbildung" oder ein „duales Studium" – dann arbeitet man zwar schon in einer Firma, geht aber auch noch auf eine Berufsschule oder eine Berufsakademie. Oder man beginnt ein Studium an einer Universität oder einer Fachhochschule.

In vielen Ländern ist es für die meisten Jugendlichen normal, nach der Schule auf eine Hochschule zu gehen, etwa in den USA: Fast 90 Prozent der Schüler verbringen vier Jahre auf einem College, so heißt die Uni dort. In Deutschland sind es dagegen nur 54 Prozent.

10 arbeiten

Musst du arbeiten? Nein, Zimmer aufräumen zählt nicht. Auch im Haushalt mitzuhelfen und zum Beispiel den Tisch abzuräumen sollte eigentlich für Kinder selbstverständlich sein. Manchmal zahlen Eltern auch ein bisschen Geld für besonders anstrengende Arbeiten, zum Beispiel im Garten.

All diese Arbeiten sind hier nicht gemeint. Hier geht es um Kinder, die außerhalb der Familie arbeiten gehen, mit oder ohne Bezahlung. Bei 3 von den arbeitenden Kindern unter 18 Jahren ist das kein Problem: In Deutschland zum Beispiel dürfen Jugendliche, die mit der Schule fertig sind, ab 15 eine Arbeit annehmen. Leichtere Tätigkeiten wie Zeitungen austragen sind schon früher erlaubt.

Die anderen 7 machen das, was man als verbotene Kinderarbeit bezeichnet. Das können Arbeiten sein, die zu schwer für Kinder sind, zum Beispiel in Goldminen in Burkina Faso. Oder ausbeuterische Arbeiten – damit ist gemeint, dass die Kinder nicht fair bezahlt werden, obwohl der Chef mit ihrer Arbeit viel Geld verdient. Zum Beispiel arbeiten Kinder in

Bangladesch in sogenannten „Sweatshops". Sie nähen die T-Shirts zusammen, die wir hier kaufen. In Afrika müssen viele Kinder auf dem Feld arbeiten und können deshalb nicht in die Schule gehen.

3 Kinder werden für „besonders gefährliche" Arbeiten eingesetzt. Was heißt das? Manche von ihnen werden wie Sklaven gehalten und zum Arbeiten gezwungen. Andere gefährden ihre Gesundheit, weil sie mit giftigen Stoffen arbeiten. Einige Kinder werden sogar kriminell und müssen Drogen schmuggeln. Und am schlimmsten ist das Leben der Kindersoldaten: In manchen Konfliktgebieten bekommen schon kleine Kinder ein Gewehr in die Hand gedrückt und müssen in den Krieg ziehen, obwohl sie gar nicht verstehen, um was es geht.

Wie sich die Welt verändert hat

»⟶ Wenn du bis hierhin gelesen hast, dann hast du wahrscheinlich gemerkt, dass es dir besser geht als den meisten Kindern auf der Welt. Selbst wer in Deutschland nicht zu den Reichen gehört, hat doch meist das Nötigste, was er oder sie zum Leben braucht.

Vielleicht hat es dich auch traurig gemacht, wie viele Kinder unter Hunger leiden, aus ihrer Heimat vertrieben werden oder nicht zur Schule gehen können. Das waren eine Menge schlechter Nachrichten.

Aber man muss nicht verzweifeln. An einigen Stellen habe ich schon geschrieben, dass sich die Situation in den letzten Jahrzehnten verbessert hat. Die Hilfsorganisation „Save the Children" gibt jedes Jahr einen Bericht darüber heraus, wie es den Kindern in der Welt geht. Und im Bericht von 2019 steht gleich am Anfang: „Kinder, die heute geboren werden, haben eine größere Chance, gesund, gebildet und beschützt aufzuwachsen, als zu irgendeinem Zeitpunkt in der Geschichte."

Insbesondere in den letzten 20 Jahren haben sich die Vereinten Nationen zusammen mit Hilfsorganisationen bemüht, die Situation der Kinder in der Welt zu verbessern. Und das mit großem Erfolg. Der Bericht von „Save the Children" vergleicht die Lage im Jahr 2000 mit der von heute. In 173 von 176 Ländern geht es den Kindern heute besser.

✱ Der Anteil der Kinder, die sterben, bevor sie ihren fünften Geburtstag feiern können, hat sich weltweit halbiert. Ein vorbildliches Beispiel ist Bangladesch, wo die Kindersterblichkeit sogar um 65 Prozent zurückging.

✱ Der Anteil der unterernährten Kinder verringerte sich um ein Drittel. Das gilt vor allem für Länder, in denen früher sehr viel gehungert wurde, zum Beispiel Äthiopien.

✱ Ein Drittel weniger Kinder gehen nicht zur Schule. Auf den Philippinen etwa ist die Zahl sogar um zwei Drittel gesunken.

✱ 40 Prozent weniger Kinder müssen arbeiten. In Mexiko zum Beispiel haben früher 25 Prozent aller Kinder zwischen 5 und 14 Jahren gearbeitet, jetzt sind es nur noch fünf Prozent.

✱ Der Anteil der Mädchen, die vor dem 18. Geburtstag von ihren Eltern verheiratet werden, ist um ein Viertel zurückgegangen. In Indien etwa war diese „Kinderehe" früher ganz normal, 30 Prozent wurden verheiratet – heute sind es nur noch 15 Prozent.

✱ 22 Prozent weniger Mädchen unter 20 werden Mütter. In Afghanistan zum Beispiel haben im Jahr 2000 noch 15 von 100 Mädchen zwischen 15 und 19 ein Baby bekommen, 2018 waren es nur noch 7.

Woher kommen die Zahlen?

»→ Woher weiß ich so genau, wie viele Kinder keine Schuhe haben oder wie viele im Internet sind? Wer Fußball spielt oder ein Musikinstrument beherrscht? Die Antwort: Ich weiß es nicht genau, und niemand auf der Welt weiß es genau.

Denn um das alles ganz exakt herauszufinden, müsste man wirklich alle Kinder der Welt besuchen und befragen. Für einige Fragen gibt es gute Statistiken, vor allem vom internationalen Kinderhilfswerk Unicef: Das sammelt aus allen Ländern der Welt Angaben darüber, wie viele Kinder in die Schule gehen, wie viele nur mit einem Elternteil leben, wie viele zu wenig zu essen haben.

Aber zu anderen Fragen gibt es nur sehr spärliche Zahlen. Ich wollte zum Beispiel wissen, wie viele Kinder im vergangenen Jahr mit einem Flugzeug geflogen sind. Es gibt gute Zahlen darüber, wie viele Flugtickets verkauft worden sind – aber das sagt nicht, wie viele unterschiedliche Menschen damit geflogen sind. Die Luftfahrtindustrie spricht stolz von vier Milliarden Passagieren pro Jahr, das wäre mehr als die halbe Menschheit. Aber tatsächlich fliegen viele Menschen mehrmals pro Jahr, und nach einer Schätzung sind nur drei von hundert Erdbewohnern im letzten Jahr geflogen, von den Kindern wahrscheinlich noch weniger. Oft gab es nur Zahlen zu Menschen aller Altersgruppen und nicht speziell für Kinder. Da musste ich dann ein bisschen herumrechnen, weil zum

Beispiel in den ärmeren Ländern der Kinderanteil höher ist als in reicheren.

»→ Je länger ich nach Antworten gesucht habe, umso öfter musste ich feststellen: Zu den „negativen“ Fragen nach Hunger, Krieg und Armut ist es leichter, Zahlen zu finden, als zu Alltagsfragen von Kindern, in denen es um Spiel, Sport und Spaß geht. Das liegt daran, dass die Hilfsorganisationen besser helfen können, wenn sie die Situation auf der Welt gut kennen, deshalb stecken sie viel Mühe in diese Forschungsarbeit.

Weniger brennend sind für die Hilfsorganisationen Fragen wie: Wie viele Kinder haben einen Schulweg, der länger als eine Stunde dauert? Wie viele tragen eine Schuluniform? Wie viele feiern ihren Geburtstag oder Weihnachten? Wie viele bekommen Taschengeld, und welchen Betrag? Obwohl ich diese Fragen gern in das Buch aufgenommen hätte, weil sie für Kinder spannend sind, müssen sie leider unbeantwortet bleiben, da es keine Zahlen für die ganze Welt gibt. *

Die wichtigsten Quellen

S. 7 (Wer wir sind): Unicef: „The State of the World's Children 2017" (SOWC), Vereinte Nationen

S. 11 (Sprachen): Ethnologue

S. 13 (Religion): Pew Forum on Religion and Public Life

S. 14 (Augenfarbe): World Atlas

S. 17 (Stadt und Land): SOWC, eigene Berechnungen

S. 18 (Slums): Unicef, Australasian Medical Journal

S. 19 (Straßenkinder): Unicef, YAP International

S. 22 (Leben am Meer): International Institute for Environment and Development, UN Ocean Conference

S. 24 (Leben in den Bergen): Cohen & Small, „Hypsographic demography: The distribution of human population by altitude" (PNAS 1998)

S. 25 (heiße Länder): Lebanese Economy Forum

S. 26 (Demokratie): Democracy Index 2018

S. 30 (Monarchie): CIA The World Factbook

S. 31 (Flucht): UNHCR (Flüchtlingshilfswerk der Vereinten Nationen)

S. 33 (Einwanderer): Unicef

S. 34 (Krieg): Unicef

S. 36 (sauberes Wasser): SOWC

S. 38 (Strom): Energypedia, International Energy Agency (IEA)

S. 40 (Schuhe): Soles4Souls

S. 42 (Armut): SOWC

S. 45 (nur 1 Elternteil): UN

S. 47 (Waisen): Unicef

S. 49 (verheiratete Mädchen): SOWC

S. 50 (Mädchen mit Kindern): SOWC

S. 52 (Arbeitslosigkeit): OECD, International Labour Organization (ILO)

S. 54 (Haustiere): Gesellschaft für Konsumforschung (GfK)

S. 57 (Internet und Handys): Internationale Telekommunikations-Union (ITU)

S. 61 (Spielzeug): Lego, Toy Industry Association, NPD Group

S. 70 (Sport): Weltfußballverband (FIFA), Deutscher Olympischer Sportbund (DOSB)

S. 73 (Vegetarier): Meat Atlas 2014

S. 75 (Übergewicht): SOWC

S. 77 (Reis und Kartoffeln): Welternährungsorganisation (FAO)

S. 78 (psychische Krankheiten): Unicef

S. 79 (Impfung): SOWC

S. 81 (Behinderung): Unicef

S. 84 (Malaria): Unicef

S. 86 (Kurzsichtigkeit): Centre for Vision in the Developing World (CVDV)

S. 88 (Krankenhausgeburt): SOWC

S. 90 (Gewalt gegen Kinder): Weltgesundheitsorganisation (WHO)

S. 93 (Schulbildung): SOWC

S. 95 (Lesen und Schreiben): SOWC

S. 97 (Schriften): Christian Rieke, key-shortcut.com

S. 98 (weitere Ausbildung): World Data Atlas

S. 99 (Arbeit): ILO

Register

A

B

C

D

E

F

G

H

I

J

K

L

M

N

O

P

Q

R

S

In dieser Reihe sind außerdem erschienen:

Absolut rekordverdächtig

Es geht um die Wurst

Wir mussten flüchten

Mehr über unsere Bücher, Autor:innen und Illustrator:innen auf:
www.thienemann.de

Drösser, Christoph/Coenenberg, Nora:
100 Kinder
ISBN 978 3 522 30662 1

Text: Christoph Drösser
Gesamtausstattung und grafisches Konzept: Nora Coenenberg
Satz: Tanja Haaf
Reproduktion: Schwabenrepro, Fellbach
Druck und Bindung: Livonia Print, Riga

Überarbeitete und ergänzte Neuausgabe der Ausgabe von 2020.

Blumenstraße 36, 70182 Stuttgart
Bei Fragen zum Produkt: service@thienemann.de
Printed in Latvia.
5. Auflage 2026

FSC www.fsc.org MIX Papier | Fördert gute Waldnutzung FSC® C002795

PRODUZIERT MIT VERANTWORTUNG

5
19